Dieu, le jour d'après.
Une brève théologie des catastrophes

Jacques Arnould

Dieu, le jour d'après.
Une brève théologie des catastrophes

Jacques Arnould

FRANCE

2015

Conception de la couverture: Astrid Sengkey
Mise en page: Astrid Sengkey
Minion Pro, 11

FRANCE

www.atffrance.com

ATF France est une empreinte de ATF (Australia) Ltd
PO Box 504
Hindmarsh, SA 5007
Australie
ABN 90 116 359 963
www.atfpress.com

Préambule :
Rendre à Dieu ce qui lui revient

J'avais neuf ans lorsque Jacques Monod publia *Le hasard et la nécessité* et n'ai donc rien suivi des débats que cet ouvrage suscita à cette époque au sein de l'intelligentsia française et internationale. Lorsque j'en trouvai un exemplaire dans la bibliothèque familiale, vingt ans plus tard, je l'ouvris d'abord par simple curiosité. Ma formation en biologie me suffisait pour suivre les explications du prix Nobel et pour mesurer leur caractère déjà obsolète : en cette seconde moitié du XXe siècle, la biologie, en particulier celle dite moléculaire et génétique, avait accompli des pas de géant. Alors engagé dans des études de théologie, je m'essayai à quelque modeste confrontation avec les propos de Monod sur les religions qu'il affublait du qualificatif péjoratif d'animisme ; mon cher Teilhard de Chardin, que je découvrais à la même époque, n'échappait pas à la critique du biologiste de l'institut Pasteur. Je parvins au terme de son ouvrage, à ces dernières lignes qu'il m'est depuis lors si souvent arrivé de citer : « L'ancienne alliance est rompue ; l'homme sait enfin qu'il est seul dans l'immensité indifférente de l'Univers d'où il a émergé par hasard. Non plus que son destin, son devoir n'est écrit nulle part. À lui de choisir entre le Royaume et les ténèbres[1]. »

Vingt autres années ont passé, depuis ma première lecture de ces trois phrases. Je continue à estimer qu'elles n'ont rien perdu de leur lucidité et de leur pertinence. La découverte, à partir de 1995, d'exoplanètes, autrement

5

dit de planètes orbitant autour d'autres étoiles de notre galaxie, n'a rien changé à l'expérience et au constat de notre singularité, au sein du cosmos, d'êtres vivants et conscients. De même, les travaux des biologistes, des paléontologues, des géologues s'accordent pour considérer l'histoire de notre planète et des espèces vivantes qui l'habitent depuis près de quatre milliards d'années comme la conspiration, probablement unique à bien des égards, entre des lois déterministes et des processus aléatoires. Autrement dit, pour reprendre la définition du hasard proposée par Antoine Cournot, dans son *Exposition de la théorie des chances et des probabilités* (1843), comme « la combinaison ou la rencontre de phénomènes qui appartiennent à des séries indépendantes ». Pour autant, Monod ne s'arrête pas à ce constat : il refuse d'enfermer l'homme dans le seul espace des possibles concédé et géré par la nature et par ses lois. Il en affirme au contraire la liberté de choisir. Entre le Royaume et les ténèbres, n'hésite-t-il pas à ajouter, en cette formule bien énigmatique pour un descendant de pasteur protestant...

Jamais, depuis ma première lecture de ces lignes, je n'ai cherché à les « récupérer » pour leur conférer coûte que coûte l'ombre d'une perspective théologique plus chrétienne que celle apparemment conférée par Monod lui-même ; en lecteur du père Dalmace Leroy, qui à la fin du XIXe siècle avait courageusement pris au sérieux l'avancée scientifique opérée par Charles Darwin, j'estime avec lui qu'il convient de « rendre à César ce qui est à César, afin d'inviter César, à son tour, à rendre à Dieu ce qui revient à Dieu[2] ». À charge pour la théologie de montrer l'exemple et de rendre à Dieu ce qui lui revient véritablement.

La tâche n'est pas aussi simple qu'il n'y paraît de prime abord. Après avoir occupé les premiers rangs de l'intelligence humaine et considéré toutes les autres sciences comme ses servantes, la théologie a vu, en tout premier lieu dans l'Occident moderne, son autorité être mise en question, parfois même en procès. Progressivement écartée des sphères universitaires les plus éminentes, elle se tient désormais bien souvent, trop souvent, sur la défensive. Ils n'ont pas tort, ceux qui reprochent aux croyants leurs positions de replis, de compromis, d'accommodements, face aux affirmations des sciences. Ils n'ont pas tort non plus, ceux qui dénoncent les obscurantismes, les anathèmes, dont les milieux religieux les plus conservateurs sont aujourd'hui trop facilement familiers. Plus que jamais, je le répète et j'en suis convaincu, il convient de rendre à Dieu ce qui lui revient ; il convient de faire œuvre théologique et de l'enseigner aux croyants ; il convient de rendre compte de la foi qui peut être la nôtre, sans craindre de la confronter à la réalité de nos existences, à l'expérience aussi bien qu'au savoir que nous-mêmes et nos contemporains pouvons en avoir. Le tout sans compromis, ni dogmatisme. Il ne saurait y avoir de chemin plus libérateur.

Introduction : Dieu, le jour d'après

Le jour d'après. Aujourd'hui associé à plusieurs ouvrages de fiction, littéraire et cinématographique, l'expression résume avec une étonnante justesse et une redoutable efficacité ce qui pourrait constituer l'une des expériences les plus communes, en même temps que les plus caractéristiques pour nous qui appartenons à l'espèce humaine. Personne, en effet, ne peut prétendre, ni espérer échapper à l'un de ces événements qui survient, bien souvent comme par surprise, et bouscule, ébranle, parfois détruit les principaux éléments, les fondements mêmes de nos existences. Hier, aujourd'hui ou demain, le rêve ou le cauchemar, le prévisible ou l'improbable s'introduisent dans notre vie, dans notre chair, dans notre esprit et en changent la nature, le cours, l'équilibre. Eblouis de bonheur ou écrasés par la souffrance, acculés par la nécessité ou demeurés maîtres de notre liberté, nous savons qu'une page a été tournée, un chapitre clos, un seuil passé, une rupture subie : rien ne sera plus désormais comme avant.

Le jour d'après. Certes, tous les êtres qui peuplent cette planète éprouvent, souffrent ou jouissent d'une semblable possibilité. Pourtant, l'être humain paraît posséder, à un degré bien supérieur à celui des autres êtres vivants, la capacité particulière et même singulière non seulement de subir mais aussi de s'adapter, autrement dit de changer, de se transformer, tout en conservant ses caractéristiques, ses valeurs les plus fondamentales. Sans doute ce pouvoir lui vient-il de ce qu'il possède, plus que les autres vivants, cette conscience de lui-même et de ses semblables ; ne s'est-il pas donné le nom d'*homo sapiens sapiens*, l'homme-qui-sait-qu'il-sait ? Ce pouvoir de s'adapter n'a jamais cessé d'étonner René Dubos, le biologiste français qui a découvert les antibiotiques à la fin des années 1930 et participé à la prise de conscience écologique à la fin des années 1960. Lui-même parlait d'adaptation créatrice, autrement dit de la possibilité pour l'homme d'être le créateur de son avenir, à partir de l'état actuel de ses sociétés et de son environnement, de son pouvoir et de son savoir. Non sans s'interroger sur les limites trop perméables d'une telle capacité. « Le plus troublant des aspects du problème de l'adaptation, écrivait Dubos, est sans doute, paradoxalement, le fait même que les êtres humains soient tellement capables de s'adapter. Cela leur permet en effet de subsister malgré des situations et des habitudes qui finiront par condamner les valeurs les plus essentielles de la vie humaine[3]. » Et Dubos d'ajouter en guise d'illustration : « Le grand drame de la pollution, c'est qu'elle rend tolérant. » Mais il n'est pas toujours aisé de s'adapter, ni même possible d'atteindre le seuil de tolérance : le choc à amortir est trop rude, la marche à franchir trop haute, le nouvel état à atteindre trop éloigné. Nous en venons parfois à désirer comprendre, non seulement le comment, mais aussi le pourquoi de la catastrophe qui nous arrive, des coups qui nous meurtrissent. Et, lorsque l'intensité de l'épreuve, du bouleversement en vient à humilier la raison, lorsque le savoir humain achoppe et se trouve contraint au silence, nous nous trouvons alors forcés à franchir le seuil qui mène à la métaphysique, à poser la question de la transcendance, à nous interroger sur Dieu, sur son existence, sur sa justice, sur son silence.

Voilà belle lurette que philosophes et théologiens, sociologues et anthropologues, s'interrogent et débattent sur les origines de cette interrogation aux racines tellement profondes qu'elles semblent appartenir à l'essence même de la condition humaine, quelle que soit la réponse que chacun décide de lui donner. Ainsi, pour découvrir les premières traces de la question de Dieu, devons-nous faire appel à la contemplation émerveillée, surprise et parfois effrayée de la nature, du ciel en particulier ? Ou bien faut-il plutôt se tourner vers l'expérience angoissante de la mort de ses prochains et de la perspective de la sienne ? De quelle manière convient-il d'y articuler le besoin si courant, si pressant chez les humains de poser les frontières du sacré et d'en préciser le franchissement ? Mais peut-être, en fin de compte, toutes ces alternatives se croisent-elles et se résument-elles dans la simple hypothèse que la question de Dieu naîtrait de l'expérience, heureuse ou malheureuse, des bouleversements, des catastrophes à laquelle aucun être humain ne peut échapper. La sensibilité, la fragilité même du concept de Dieu vis-à-vis de cette évidente et inévitable réalité de nos existences donne du crédit à cette hypothèse. « Où était Dieu ? », s'interrogent les rescapés d'un drame personnel ou collectif qui les a laissés blessés, meurtris, amputés d'une part d'eux-mêmes, séparés à jamais d'un être cher. « C'était divin ! », laissent échapper, dans un soupir ou dans un cri, même les moins religieux des humains, après une expérience des sens ou de l'esprit exceptionnellement heureuse.

Notre époque a-t-elle vraiment la possibilité ou le droit de se prévaloir d'être plus « catastrophique » que les précédentes ? J'ai toujours considéré excessive et surtout déplacée une telle prétention, ne sachant pas si elle souffre d'exhibitionnisme ou de masochisme, aussi malsains l'un que l'autre dans leur excès. Quoi qu'il en soit, en dehors des expériences strictement individuelles dont la moindre tentative de catalogue prendrait les allures d'une étrange liste à la Prévert, le XXe siècle et le XXIe siècle n'ont pas manqué d'événements qui, une fois survenus, puis dépassés, ont laissé l'amère, l'abyssale question : où donc Dieu était-il ? Ou sa forme moins tragique : en quel Dieu croire désormais ?

Ce n'est pas le moindre des mérites de Hans Jonas que d'avoir courageusement et honnêtement abordé cette interrogation au regard du drame vécu par les communautés juives, lors de la Seconde Guerre mondiale. Dans *Le concept de Dieu après Auschwitz*, le philosophe juif ne met pas en question l'existence de Dieu, pas plus que je ne le ferai ici, mais s'interroge sur la manière de concevoir Dieu, autrement dit d'élaborer une théologie. Et ce, précise-t-il d'emblée, d'une manière philosophique, spéculative et non contrainte par un dogmatisme *a priori*. Si les atrocités vécues par les condamnés d'Auschwitz et leurs coreligionnaires ont bousculé et profondément, parfois irrévocablement, marqué le questionnement humain sur Dieu, celui-ci n'est évidemment pas clos : il ne le sera qu'au terme de l'aventure humaine, après la mort du dernier représentant de notre espèce, après bien d'autres crises et catastrophes, d'origine naturelle, humaine ou mêlée. À une plus modeste mesure que celle assurée par Jonas, mon essai s'inscrit donc dans ce qui constitue, si l'expression ne paraît pas trop étrange, une « théologie des catastrophes », autrement dit une tentative de dire Dieu, le jour d'après…

1. Rien de nouveau sous le soleil

Hével, le souffle, la buée en langue hébraïque. L'être humain n'est qu'un souffle, une ombre qui passe, la trace de l'haleine déposée un instant sur la vitre selon l'expression du sage Qohélet que la tradition latine a transmise dans la sentence latine désormais célèbre : *Vanitas vanitatum, omnia vanitas* – Vanité des vanités, tout est vanité. Certes, la buée est le témoin de la vie : celle qui se dépose sur un miroir placé devant la bouche du moribond révèle que ce dernier n'a pas encore rendu son dernier souffle, son ultime expiration ; mais cette image rappelle aussi que la mort est aussi inévitable que la disparition de l'éphémère buée qui ne laisse pas la moindre trace après elle.

Lorsque, dans les années 1970, le mathématicien René Thom propose sa théorie des catastrophes, il pose comme *a priori* que la réalité ne cesse jamais de changer. Alors que les méthodologies réductionnistes appréhendent le réel comme un ensemble d'éléments à l'individualité bien définie et aux caractères d'immutabilité bien marqués, la théorie des catastrophes s'efforce au contraire de le décrire comme une chaîne de processus continus et de ruptures, de discontinuités plus ou moins brutales[4]. Né lui-même d'une discontinuité, celle de la rencontre imprévisible d'un ovule et d'un spermatozoïde, sans cesse transformé par celles qui ponctuent, jalonnent et perturbent son existence, l'homme est réduit à attendre la dernière, l'ultime rupture après laquelle son souffle aura fini d'embrumer le miroir du monde.

Mais Qohélet ne veut pas, ne peut pas abandonner l'homme à une aussi éphémère et tragique condition : celle-ci n'est acceptable qu'articulée, intégrée à une conception du monde résolument solide, durable, « *sustainable* » selon l'expression anglo-saxonne connue désormais de tous. Aussi le sage poursuit-il :

> « Vanité dit Qohélet
> hével havalim
> Hével dit Qohélet
> Tout est vain
> Que reste-t-il à l'homme
> de son travail
> et de sa peine
> sous le soleil
> Une génération vient
> une génération va
> et la terre
> reste
> Le soleil se lève
> Le soleil se couche
> courant vers sa demeure
> et se levant lui là
> Vers le sud vers le nord
> le vent souffle
> le vent tourne
> et revient sur ses pas »
> Et Qohélet de conclure :
> « Ce qui fut cela sera
> ce qui s'est fait se refera
> Rien de nouveau
> sous le soleil[5] ! »

Nous le savons, cette perception du monde, cette conception de la réalité est partagée par de nombreux penseurs d'autres cultures et d'autres époques – le livre de l'Ecclésiaste, dont Qohélet est présenté comme l'auteur, daterait du IIe siècle avant notre ère. Les philosophes ont pris l'habitude de la qualifier de cosmique.

Kosmos. Dans le *Gorgias*, Platon explique pourquoi ce terme convient à sa vision de la réalité : « À ce qu'assurent les doctes pythagoriciens, le ciel et la terre, les Dieux et les hommes sont liés entre eux par une communauté, faite d'amitié et de bon arrangement, de sagesse et d'esprit de justice, et c'est la raison pour laquelle, à cet univers, ils donnent, mon camarade, le nom de cosmos, d'arrangement, et non celui de dérangement non plus que de dérèglement[6]. » De la même manière, les stoïciens affirment que la réalité doit être déclarée cosmique parce qu'elle est le fruit d'un décret divin, la manifestation d'un feu qui embrase et ordonne toutes choses.

Kosmos ou la belle totalité ordonnée : tel est le credo qui domine la pensée occidentale durant des siècles et, sans guère de doute, au moins jusqu'au XVIIe siècle. C'est là une conception rassurante qui associe les idées d'organisation, de logique et de beauté, afin d'englober tous les défauts, tous les écarts, toutes les catastrophes qui ne manquent pas pour égratigner, bousculer, mettre en péril cette belle architecture, ce bel ordonnancement. Quelle place, au sein du cosmos, la divinité, quel que soit le nom qui lui est conféré, occupe-t-elle ? En assure-t-elle le maintien… ou, tout au contraire, dépend-elle de lui ?

Pour répondre à cette dernière et troublante question, ne négligeons pas la leçon offerte par un autre usage de la même racine *kosmos*. Si les cosmétiques offrent une illustration moins philosophique, plus esthétique, plus futile, du sens véhiculé par le terme grec, ils constituent aussi une sorte de mise en garde : le ciel n'est pas nommé cosmos parce qu'il serait *a priori* et de lui-même ordonné et beau, parce qu'il s'imposerait d'emblée comme tel, mais parce que les humains le regarderaient ainsi ou, mieux encore, le pareraient de telles qualités. La cosmologie des Anciens appartient au champ de la métaphysique, autrement dit de ce que l'esprit humain peut découvrir, mais aussi ajouter au-delà (*méta*) de la réalité physique la plus immédiate, par-dessus l'expérience qu'il peut en avoir grâce à son propre corps ou par le biais d'instruments. Pour le dire autrement, le discours cosmologique pourrait s'imposer, se surimposer pour permettre d'affirmer que ce monde est le meilleur des arrangements possibles. Déterministes, cette vision, ce langage supposent l'existence de lois qui permettent de décrire la réalité dans sa totalité, d'en reconstruire le passé et d'en prévoir l'avenir ; finalistes, ils soutiennent que le réel et son histoire sont strictement et irrévocablement fixés par avance, quels que soient les événements, heureux ou malheureux, qui pourraient survenir.

Il paraît effectivement plus aisé de confesser l'existence d'un architecte de talent, d'un horloger de génie ou d'un *designer* particulièrement intelligent[7], face au spectacle si ordonné et si beau d'un monde déclaré cosmique, à l'apparence, à la ressemblance de la voûte céleste contemplée une nuit d'été, loin de toute perturbation humaine ou simplement atmosphérique, plutôt que face à celui des vivants qui grouillent, se battent, s'entredévorent, meurent et pourrissent à la surface de la Terre. Ceux qui, dès l'Antiquité, posèrent et imposèrent une vision dualiste du monde, une séparation stricte entre les mondes supralunaire et sublunaire, entre la perfection et l'inaltérabilité, d'une part, l'imperfection et la dégradation, d'autre part, ceux-là ignoraient-ils qu'ils offraient à la divinité la plus favorable conception de la réalité, les plus accueillantes conditions pour être reconnue et vénérée par des esprits humains ? La remarque de Jean-Toussaint Desanti est donc à prendre au sérieux : « penser un état chaotique, cela se peut et, parfois, se doit : mais localement seulement [...] Il n'y a pas de Dieu (ni de Nature) qui soit 'singe dactylographe'[8]. » Ici, l'image d'un singe occupé à taper sur les touches d'une machine à écrire est, dans une autre culture que celle des penseurs grecs, le symbole d'un processus chaotique, d'un système aléatoire qui, répété à l'infini, pourrait produire, au bout d'un temps illimité, peut-être infini, une œuvre digne du prix Goncourt. Desanti a raison : seule une conception cosmique de la réalité, au sein de laquelle les processus chaotiques sont strictement limités, marginalisés, coïncide avec l'habituelle idée d'une entité supérieure, d'une divinité toute-puissante et omnisciente. Toute autre vision mettrait en danger la confession d'un démiurge, d'une intelligence supérieure ou d'un créateur divin : le bel ordonnancement du monde serait au contraire le garant de l'existence de Dieu et, surtout, de l'idée que nous en avons. Et non l'inverse. Les catéchismes, de pierre, de toile ou de papier, ont toujours préféré les vues fournies par les télescopes à celles obtenues par les microscopes.

2. Dieu joue-t-il aux dés ?

Hélas, l'expérience humaine ne permet que trop rarement de participer à une telle harmonie cosmique. Le spectacle de la voûte sombre constellée d'étoiles, la musique silencieuse des sphères célestes ne parviennent qu'exceptionnellement à débarrasser l'humain de ses racines biologiques, à le tirer de la fange terrestre. Le moindre désagrément lui rappelle sa fragile condition, son éphémère existence. *Vanitas vanitatum.* Si Qohélet parvient à en parler avec le détachement du sage, s'il évoque avec sérénité la poulie du puits qui finit par se casser et les pleureuses dont le chant annonce l'heure des funérailles, tels ne sont pas l'état d'esprit et l'expérience d'un autre témoin de la tradition biblique, humain, tellement humain : Job.

Il est inutile de s'attarder aux traits, aux faits et aux gestes de ce personnage qui n'appartient pas seulement à la tradition biblique, mais désormais à la culture occidentale tout entière, tant le récit de ses malheurs et de ses souffrances reflète, quitte à l'exagérer, la plus courante, la plus commune de nos expériences, sans rien méconnaître de nos révoltes face à l'absurdité et au silence qui trop souvent paraissent prédominer. Aussi, sans oublier et encore moins mépriser les épreuves subies par Job, je m'intéresserai plutôt à la dimension cosmologique et théologique du récit vétérotestamentaire.

Le monde au sein duquel vit Job est *a priori* cosmique et la pensée qui fonde « son » livre de la même veine que celle de Qohélet. Lorsqu'il apprend la mort tragique de ses enfants, Job déchire son vêtement, se rase la tête et se contente de répéter :

« Nu, je suis sorti du sein maternel,
nu , j'y retournerai.
Yahvé avait donné, Yahvé a repris ;
que le nom de Yahvé soit béni[9] ! »

Tragique, émouvante confession d'un homme meurtri dans son cœur, avant de l'être dans sa chair, qui constitue un écho douloureux à l'alternance des versets du livre de Qohélet :

« Un temps pour faire naître
un temps pour mourir
un temps pour planter
un temps pour arracher [...]
Un temps pour pleurer
un temps pour rire
un temps pour le deuil
un temps pour danser[10]. »

La ronde des temps, le sempiternel balancement des heurs et des malheurs ne parviennent apparemment pas à ébranler l'assurance de ces hommes sages et saints. Comme si tous deux appartenaient déjà au monde supralunaire, comme si le cours de leur existence s'était déjà accordé à celui des sphères célestes, comme s'ils étaient tous les deux parvenus à la suprême, à l'ultime sagesse.

Dès lors, comment expliquer, comment admettre les malheurs qui continuent à s'abattre sur le pauvre Job, sur sa propre chair et ses propres os ? Ils sont le fait de Dieu. D'un Dieu, commence par raconter le récit biblique, qui a pris les traits d'un étrange joueur, qui a accepté ou peut-être succombé de parier avec le Satan, l'Accusateur, le Tentateur en personne et par excellence. Quelle singulière mise en

scène que celle proposée d'emblée par l'auteur du livre
sacré ! Singulière, et même scandaleuse. Car Dieu n'a plus
les traits du garant suprême de l'ordre du monde et, par voie
de conséquence, de sa justice. Il en devient au contraire le
perturbateur qui n'hésite pas à, très littéralement, jouer
avec l'existence de ses propres créatures, à la mettre en péril.

Faut-il réellement croire à une telle perspective
théologique, à celle d'un Dieu écervelé, inconséquent et
même pervers, qui ne montre qu'un intérêt limité, voire
pas le moindre souci, pour la vie des enfants de Job, pour
les souffrances physiques et psychologiques du patriarche ;
du moins, est-il posé comme condition au Satan, tant que
ce dernier respecte la vie du malheureux. Voilà une étrange
limite, un insupportable lot de consolation, surtout lorsque
Job, broyé par la douleur, en vient lui-même à maudire le
jour de sa naissance et à espérer l'heure de sa mort : la
règle du jeu, édictée par Dieu, lui interdit dans l'immédiat
cette tragique porte de sortie. Je répète donc la question :
faut-il prendre au sérieux cette justification théologique du
mal qui broie Job ou bien, à cause même de son caractère
excessif, ne convient-il pas plutôt de la considérer comme
un faire-valoir indirect et contrasté de celle qui se dessine
au terme de l'épreuve de Job, lorsque Dieu daigne enfin se
tourner vers sa créature brisée et s'adresser à elle ? Non,
Dieu ne peut pas être cette divinité perverse qui se laisse
tenter par le Satan, qui l'autorise à causer du mal à ses
créatures humaines. L'image donnée de Dieu dans cette
surprenante introduction est trop grossière pour pouvoir
être acceptée, gobée par les croyants, trop exagérée pour
ne pas déclencher, chez les plus raisonnables, chez les plus
lucides d'entre eux, un sain(t) éclat de rire. Dieu n'a pas la
trempe d'un joueur ; il est au contraire, ainsi qu'il le révèle
à Job, celui qui possède des projets pour sa création et
s'emploie à les faire aboutir, à les réaliser, celui qui domine

les forces du mal, les plie, les soumet à sa volonté, parfois s'en amuse, comme avec Béhémoth et les autres « monstres ». Il est le Dieu du cosmos : il ne fréquente pas les casinos, ne succombe pas à l'enfer du jeu.

Pourtant, n'est-il pas précipité, erroné d'opposer aussi facilement une conception cosmique de la réalité et la théologie qui lui est associée aux pratiques chaotiques et aléatoires qui sont celles du jeu ? Comment ignorer que les préhistoriens du néolithique découvrent parfois près des squelettes de nos ancêtres des cailloux de couleur et des astragales, ces petits os du talon qu'ils ont longtemps considérés comme d'antiques aide-mémoire ou de primitifs bouliers, alors qu'il s'agit plus probablement des traces matérielles de pratiques divinatoires et ludiques, telles qu'il en existe aujourd'hui encore au sein de nombreuses cultures ? Divination et jeu : deux pratiques souvent associées, puisque les mêmes dés, les mêmes damiers servent pour assouvir ces deux passions humaines. Mais, n'est-ce pas là une bien étrange alliance ? Scruter l'avenir exige de recourir à une conception du monde cosmique, déterministe et finalisée, suppose d'être persuadé que les événements et leurs enchaînements peuvent être connus d'avance, parce qu'ils ont été fixés bien avant le commencement du monde. Jouer, au contraire, repose sur l'existence de processus aléatoires, d'une forme de chaos qu'il reste en grande partie impossible de réduire à néant, sauf à faire disparaître la réalité même du jeu. Bref, comment recourir au jeu de dés pour tenter de deviner l'avenir et prétendre que Dieu n'y joue pas ? Afin de résoudre ce paradoxe, il faut impérativement écarter l'idée selon laquelle, en lançant un dé ou en tirant une carte, nous serions capables de convoquer ou de simuler le hasard. Pour les adeptes du cosmos, jouer ne met pas à l'épreuve l'ordre du monde, mais offre au contraire la possibilité d'en dévoiler le sens caché, d'en découvrir l'histoire et, par voie de conséquence, de se soumettre à son ordonnancement. À sa manière, le jeu réenchante le monde, y dévoile ou y introduit un sens caché ou disparu. Tel paraît être l'état d'esprit dans lequel les Hébreux ont eux-mêmes eu recours aux sorts, à ce qu'ils nommaient l'*urim* et le *thummim*[11] : ils n'estiment pas mettre en cause l'harmonie cosmique, mais au contraire ils tentent de mieux la connaître pour s'y conformer et, à la mesure de leurs moyens humains, pour y participer. De même, dans sa réponse au sieur Jacques Lucques de Tonengo sur la possibilité et même le bien fondé de pratiquer les jeux dits de hasard, Thomas d'Aquin n'hésite pas à écrire : « Ainsi donc les sorts peuvent avoir de la vertu par une volonté prédéterminée de la divine providence, en tant que la conduite des êtres sensibles lui est soumise et qu'elle dirige les actions des hommes. Il peut se faire encore que par l'ordre de Dieu, ils obtiennent un succès ou un effet qui concorde avec les événements extérieurs. C'est pourquoi il est dit au livre des Proverbes, ch. XVI : *Les sorts sont jetés dans le sein, mais ils sont dirigés par Dieu* » (*De sortibus*, chapitre 4). De cette manière, avec la bénédiction du grand théologien scolastique, les jeux sont tolérés par les autorités religieuses de l'époque, même s'il regrette, tout comme Erasme, qu'ils tournent trop souvent « en fureur ». Jamais, évidemment, il n'est question de paraître laisser le hasard, les processus aléatoires prendre le pas ni le pouvoir : Bossuet enseigne au grand Dauphin que « ce qui est hasard à l'égard des hommes est dessein à l'égard de Dieu[12] ».

Il en est de même dans les autres cultures et traditions humaines où le recours et l'usage des dés ou d'autres formes de jeu dit de hasard restent associés à, conditionnés par la confession d'un ordonnateur suprême et divin. Le hasard, enseigne par exemple le Coran, n'est que la

marque de l'ignorance humaine, les limites du savoir et
des connaissances accessibles à l'homme. Albert Einstein,
dans une lettre écrite à son ami Paul Ehrenfest, datée d'août
1926, résume sa propre perception dans une formule
désormais célèbre : « La théorie accomplit énormément de
choses, mais elle ne nous mène pas plus près des secrets du
Vieux. *Jedenfalls bin ich überzeugt, daß der nicht wurfelt* –
En tout cas, je suis convaincu qu'Il ne joue pas aux dés[13]. »
Et, comme s'il pensait aux mésaventures de Job et à cette
étrange mise en scène des visites du Satan à Dieu, le savant
précise, pour un autre interlocuteur avec lequel il évoque
l'étonnante, l'incompréhensible intelligibilité de l'univers :
« *Raffiniert ist der Herrgott aber boshaft ist er nicht* – Le
Seigneur est subtil, mais il n'est pas malicieux. […] La
nature dissimule son secret à cause de l'élévation de son
essence, mais elle ne recourt pas à la ruse[14]. » Dieu ne joue
pas aux dés ; il n'est pas malicieux : nous le savons, le Dieu
d'Einstein présente bien des ressemblances avec celui de
Spinoza. En 1947, dans une lettre adressée à Murray Gross,
un fin connaisseur du Talmud, le savant rappelle ce qu'il
n'a pas cessé d'expliquer, de confesser depuis plus de vingt
ans : « Il me semble que l'idée d'un Dieu personnel est un
concept anthropomorphique que je ne puis prendre au
sérieux. Je ne me sens pas non plus capable d'imaginer
que quelque chose puisse vouloir ou poursuivre un but en
dehors de la sphère humaine. Ma vision est proche de celle
de Spinoza : une admiration pour la beauté de l'ordre et de
l'harmonie que nous pouvons appréhender humblement
et seulement imparfaitement, une foi en leur simplicité
logique. Je crois que nous devons nous contenter de
notre connaissance et notre compréhension imparfaites,
que nous devons traiter des valeurs et des obligations
morales comme d'un problème purement humain – le plus
important des problèmes humains[15]. » Qu'il convienne
d'appeler panthéisme ou déisme cette confession de foi,

il est aisé de mesurer la qualité des réponses qu'elle offre aux principaux défis posés par notre époque à celui qui, à l'instar d'Einstein, cherche d'abord à connaître la pensée de Dieu et considère le reste comme des détails. *Deus sive natura*, Dieu ou la nature : cette vision théologique n'est pas menacée par les dimensions et les allures prêtées à la nature par les sciences modernes ; il ne l'est pas davantage par les effroyables infamies dont les humains ont été capables durant la vie d'Einstein et encore après sa mort. Ce Dieu est « au-dessus », « en dehors » de tout cela.

Il me reste à ajouter ce qui suit. Le cosmos où rien de vraiment nouveau ne surgit jamais sous le soleil, où il y a un temps pour chaque chose et où règne l'assurance du juste retour des choses, ce cosmos au strict déterminisme n'exclut pas le libre arbitre mais, au contraire, le réclame : l'homme est convié à prendre conscience de son appartenance à un ensemble parfaitement ordonné, cosmique. Il doit sortir de son aveuglement, s'éveiller à un niveau de connaissance qui n'accorde aucune place à l'indécision, à l'indétermination mais lui permet, en toute conscience et lucidité, de s'accorder à l'ordonnancement du monde. Adopter une telle conception de la réalité, c'est souscrire une sorte d'assurance cosmique aux multiples, évidents et respectables avantages. Au cours de l'histoire, appliquée à de nombreux domaines, déclinée sous de multiples formes, elle a pu être bénéfique aux sociétés et aux individus, tant leur paraissait étendue leur ignorance et grands les dangers qui les menaçaient. Témoin parmi tant d'autres, l'auteur du livre des Proverbes décrit les limites de la connaissance humaine et en fait une source d'étonnement et d'émerveillement :

« Trois m'étonnent
quatre m'émerveillent :
ligne du vautour dans les ciels
ligne du serpent sur la roche

ligne du bateau sur la mer
ligne du garçon dans la fille[16]. »

Voilà qui est joliment dit ; pourtant, même en acceptant de ne pas tout savoir, ne faut-il pas admettre qu'un monde perçu d'abord comme un cosmos finit par prendre d'infernales allures ? Rappelons-nous le mot effrayant que Dante fait figurer au-dessus de la porte de l'Enfer : « *Lasciate ogni speranza, voi ch'intrate*. Abandonnez tout espoir, vous qui entrez ici. » Or, quelle place une conception cosmique de la réalité accorde-t-elle à l'espoir, à l'espérance ? Peut-être convient-il d'ébranler les fières, les trop fières fondations du cosmos, pour retrouver le chemin des vertus théologales.

3. Le temps des catastrophes est celui de l'alliance

« Les meilleures choses ont une fin ». Lancés à la recherche des sources de cette expression devenue proverbiale, les explorateurs de la langue française préfèrent écarter la piste offerte par Jean de la Fontaine et son « En toute chose il faut considérer la fin » tiré de sa fable *Le Renard et le Bouc*. Cette prudence les honore : si le proverbe use de la signification de terme, d'extrémité, la fable recourt à celle de but. Deux sens qu'il convient effectivement de distinguer, mais non de séparer totalement. S'il est sage de se rappeler que « les meilleures choses ont une fin », autrement dit un terme, ne convient-il pas de s'interroger sur la finalité de ces « meilleures choses » ? De même, une « chose » qui serait sans terme aucun, plongée dans l'éternel recommencement, la sempiternelle répétition, ne pourrait-elle pas être soupçonnée, menacée de se révéler dénuée de toute finalité ? Sous le mode étymologique, ces quelques lignes peuvent servir d'introduction à la réalité qui a suscité cet essai, celle de la catastrophe.

François Rabelais serait le premier écrivain français à avoir usé du terme de « catastrophe », dans l'*Épître liminaire* à son *Quart Livre*. Médecin, il évoque les travaux d'Hippocrate et parle de « l'issue & catastrophe » d'une maladie comme de celle d'une comédie : elle peut être joyeuse ou fâcheuse, heureuse ou malheureuse. En fait, il n'y a là rien d'original : le père littéraire de Pantagruel et de Gargantua ne fait qu'user du sens déjà utilisé par les auteurs anciens. Le grec par κ α τ α σ τ ρ ο φ η, le latin par *catastropha* désignaient déjà l'idée de dénouement, de coup de théâtre. Autrement dit, l'idée d'un événement qui n'est pas tant un terme qu'une étape chargée d'une signification, d'un sens ou, mieux encore, l'idée d'un dévoilement puisque *kata-strephein* peut être traduit par « regarder dessous ». Ainsi abordée et comprise, la catastrophe devrait plus nous fasciner que nous effrayer, puisqu'elle devient le seuil, le passage parfois obligé pour accéder à une autre face, une autre perspective, une autre théorie de la réalité ; peut-être même, à une réalité totalement différente, une réalité qui n'est pas nécessairement plus mauvaise que celle en train de disparaître… Est-ce à dire qu'un peu de désordre, un brin de chaos pourrait ne pas nuire à nos désirs cosmiques ?

Une fois ce soupçon introduit, il n'est guère difficile de constater que les traditions religieuses, même les plus cosmiques – et je pense en premier lieu à celle du corpus biblique, des livres de Qohélet et de Job précédemment évoqués –, ces traditions n'en sont pas moins riches en catastrophes et pas uniquement pour raconter ou honorer les péripéties successives d'une odyssée, d'une épopée, d'une histoire humaine déclarée sainte. La Bible ne débute-t-elle pas par cette formule scandée sept fois : « Il y eut un soir, il y eut un matin » ? Il faut, j'en suis persuadé, (re)lire le premier récit biblique de création comme une litanie de catastrophes, un chapelet de débuts et de fins de chapitre, dont chacun – et pas seulement le premier – a tout le goût du « Il était une fois » de nos contes, comme pour lui conférer une spatio-temporelle universalité :

« Premiers
Dieu crée ciel et terre
terre vide et solitude
noir au-dessus des fonds
souffle de dieu
mouvements au-dessus des eaux[17] »

Berechit, traduit ici par « Premiers », est posé, inscrit là, premier mot de tout le corpus biblique, pour dire non seulement « Au commencement », mais aussi « À l'origine », au sens d'originalité et de singularité fondatrice. Pour dire encore « Toutes les premières fois » et pour dire ainsi fondement et essence, permanence et transformation, au fil d'un temps créé en même temps que la réalité et dont l'écoulement est irréversible, comme si les catastrophes des jours successivement annoncés, déroulés et achevés étaient autant de cliquets, autant de seuils qui empêchent d'en inverser, d'en retourner le cours. Il ne sert à rien de jouer avec les pas de ce temps, de recalculer le calendrier de la Genèse en transformant ses jours solaires en millénaire, afin de lui donner une vague ressemblance avec les chronologies établies par les savants et les scientifiques. C'est là faire œuvre de maquillage, de falsification, alors que le message véhiculé par ce texte-fondation se trouve ailleurs, à un autre niveau : le premier chapitre du livre de la Genèse nous enseigne que les catastrophes n'ont pas commencé à jalonner le temps avec le faux-pas des premières créatures humaines, mais bel et bien avec la naissance du temps lui-même. Nul doute, comme le remarquait Qohélet, que tous les fleuves se jettent dans la mer, sans que cette dernière jamais ne paraisse se remplir ; mais que de méandres et que de confluences, que de rapides et que de cascades avant que l'eau jaillie de la source lointaine ne parvienne à l'estuaire salé ! Celui qui accepte de quitter un instant le spectacle des rouages célestes pour baisser son regard sur le cours des existences terrestres, celui-là pourra-t-il toujours répéter qu'il n'y a rien de nouveau sous le soleil ?

Le second mot de la Genèse, celui de *bara*, désigne l'acte de créer tel que Dieu seul peut l'accomplir. Dieu, d'emblée, s'installe ainsi au cœur de l'histoire de sa création, de l'histoire de ses créatures... et de ses catastrophes. Aucune ne lui échappe et il n'échappe à aucune. Car il dit et il fait, martèle la Bible, au long de ces jours qu'il a lui-même créés et au rythme desquels il se conforme, il se plie pour créer, pas à pas, étape par étape, seuil après seuil. Sans omettre de bénir, à six reprises : « Dieu voit comme c'est bon. » Est-ce à dire que, malgré mon souci de mentionner l'existence de catastrophes originelles, tout est pour le mieux dans le meilleur des mondes possibles ?

Non, car il y eut un homme, nommé Noé. Pour l'histoire de l'humanité racontée par la Bible, il est peut-être le premier à mériter le nom de prophète. Prophète, non parce qu'il aurait alerté ses contemporains de la menace, de l'imminence du Déluge – le livre de la Genèse ne dit rien de tel – ; tout au plus les aura-t-il intrigués en construisant l'étrange bâtiment que fut l'arche, avant sans doute de subir leurs moqueries. Mais prophète parce qu'il semble avoir été le seul à avoir pris au sérieux l'existence d'une menace, le seul à avoir pris les devants pour tenter d'y échapper ou plutôt de survivre à une catastrophe d'une telle ampleur. La grandeur de Noé ne réside pas dans son don de clairvoyance, dans ses talents d'architecte et de menuisier naval, de navigateur et de gardien de zoo, mais d'abord dans son refus de s'obscurcir la vue et de s'en tenir au « Après moi, le déluge ! », ensuite dans sa décision et son acharnement à préserver quelque chose de la réalité pour pouvoir réensemencer la terre, une fois achevé le reflux des eaux.

Jamais l'histoire de la terre, jamais celle de l'humanité n'ont manqué de déluges pour mettre en danger et faire périr des populations entières d'animaux et d'êtres humains. Parce qu'il est décrit comme planétaire, celui raconté par le livre de la Genèse est devenu le Déluge par excellence. Loin des stériles interrogations sur son historicité, que seuls peuvent défendre des esprits fondamentalistes plus liés à la forme qu'au fond, à la lettre d'un texte sacré qu'au message théologique et anthropologique contenu et transmis, loin des infantiles tentatives pour retrouver des vestiges de l'arche sur les flancs du mont Ararat et prétendre ainsi prouver l'inerrance du récit biblique, l'aventure de Noé véhicule une pensée religieuse essentielle à la compréhension de l'action de Dieu au sein de sa création. Aussi imposante que puisse y apparaître la puissance divine, aussi effrayante surtout dans sa capacité à détruire, l'épisode du Déluge ne dévoile toute sa signification que dans l'acte qui en marque la clôture, dans la conclusion d'une alliance entre Dieu et ses créatures : « Je soutiendrai mon alliance avec vous, aucune chair ne sera plus exterminée par les trombes d'eau du déluge[18] » promet Dieu à Noé, une fois accompli l'holocauste, le sacrifice de quelques-uns des animaux qui ont survécu à l'assaut des eaux. Seule une alliance, enseigne ainsi le livre de la Genèse, peut efficacement et sûrement tourner la page du Déluge ; seule une alliance peut répondre au défi, à la tentation du « Après nous, le déluge ! » ; seule la rupture imposée par l'alliance et soulignée par le sacrifice, la partition des victimes, peut libérer l'écoulement du temps.

Ainsi, à bien y regarder, le récit biblique du Déluge a toutes les allures d'un récit de création ; le troisième du livre de la Genèse. Les flots déchaînés qui recouvrent la terre ne rappellent-ils pas le *tohu va bohu*, les remous des eaux originelles au-dessus desquelles, raconte le premier récit, plane l'esprit de Dieu ? Au moment de conclure une alliance avec Noé, ses enfants et tous les êtres vivants, Dieu ne rappelle-t-il pas, comme déjà dans le premier récit, qu'« à l'image de Dieu, l'adam est fait » ? Une fois encore, n'ordonne-t-il pas aux rescapés « d'être féconds et multiples une foule sur terre des foules sur terre[19] » ? Nulle part dans ces deux récits, comme dans celui du deuxième chapitre du livre de la Genèse, il n'est question d'une création *ex nihilo*, à partir de rien ; qu'est-ce qui empêche dès lors d'assimiler le Déluge à une nouvelle, une troisième œuvre divine de création ? Non pas celle à jamais inaccessible à la connaissance des hommes et à leurs vains mots de « néant » et de « commencement », non pas celle de l'espace et du temps, de la matière et du souffle, mais celle sans cesse continuée, celle sans cesse renouvelée qui est comme attirée, comme aspirée par l'ultime Création, la seule qui n'exigera pas d'être continuée. Dans une surprenante et inattendue pirouette théologique, le récit du Déluge enseignerait d'abord que Dieu ne cesse de créer du nouveau sur la terre, quels que soient les chaos qui perturbent le bel ordonnancement du monde. À moins que son œuvre de création n'apparaisse, une fois encore, que sous l'aspect de perturbations, de catastrophes répétées. N'est-ce pas le sens introduit, sous-entendu par les explications catastrophistes proposées à la fin du XVIIIe siècle par les naturalistes ?

Friands, comme leurs contemporains, de collections et de cabinets de curiosités, les savants du XVIIIe siècle montrent un intérêt particulier pour les fossiles. Le terme n'est d'ailleurs apparu dans la langue française qu'au milieu du XVIe siècle ; sa racine, latine, n'offre guère de surprise : *fodere* signifie 'creuser' et, par suite, *fossilis* 'tiré de la terre'. Tout comme Adam, remarquons-le en passant. Mais il y a belle lurette que les fossiles intéressent et intriguent les esprits les plus curieux, les plus observateurs : Hérodote, au Ve siècle avant notre ère, rapporte que les prêtres égyptiens connaissent l'existence de coquilles pétrifiées et, même si elles sont découvertes en plein désert, n'hésitent pas à leur donner une origine aquatique, ni, par suite, à imaginer l'existence d'une mer qui jadis aurait recouvert leur pays. Le géographe Strabon, au seuil de notre ère, procède aux mêmes observations et pose la même hypothèse ; tout comme Ovide, encore à la même époque : « Moi, j'ai vu l'océan là où avait été la terre ferme, écrit-il ; j'ai vu des terres naître des eaux et, bien loin des rivages, le sol est jonché de coquilles marines. » Peu cosmique, une telle vision du monde n'est pas celle de Pline, au Ier siècle de notre ère, qui accrédite la thèse selon laquelle les fossiles sont des pierres produites par la foudre ou encore des bizarreries de la nature, des jeux de la nature, en latin *lusus naturae*, laquelle s'amuse à donner à de simples cailloux des ressemblances de coquilles, de feuilles ou de poissons. Sans doute une manière pour elle de passer le temps, qui doit lui paraître bien long puisque, toujours dans cette vision cosmique, elle doit se contenter de répéter, saison après saison, année après année, génération après génération, les mêmes actes, les mêmes processus. Jeux de la nature ou petits miracles de

Dieu, pourrions-nous dire : ainsi les fossiles entrent-ils, bon gré mal gré, dans une vision cosmique de la réalité, cohérente avec celle d'un Dieu tout-puissant, même s'il est parfois joueur.

C'est à l'époque où le terme français de fossile entre en usage que cette interprétation jusqu'alors couramment admise commence à être critiquée. Léonard de Vinci avait déjà émis des doutes sur l'origine céleste des « pierres figurées » ; Bernard Palissy élabore l'hypothèse d'un phénomène de sédimentation et de pétrification au fond des mers, mais refuse l'explication qui commence à circuler parmi les naturalistes et les théologiens : les fossiles seraient les restes des êtres vivants engloutis par le Déluge raconté par la Bible. Ce débat entre Palissy et les tenants de la théorie dite diluvienne ne signifie pas que l'intelligentsia de l'époque est acquise à l'idée d'un monde ancien qui soit différent du nôtre. Bien au contraire, lorsque paraissent les livres de Benoît de Maillet, le *Telliamed*, et de Buffon, l'*Histoire de la Terre*, nombreux sont ceux qui, à l'image de Voltaire, se moquent, pour mieux les refuser, des idées qui donnent aux animaux terrestres une origine aquatique, ou à la Terre un âge franchement supérieur à celui calculé à partir des textes et des chronologies bibliques. Les autorités ecclésiastiques s'en mêlent, comme pour défendre Dieu… ou plutôt l'image qu'ils en ont. Le marquis d'Argenson écrit : « Le sieur Buffon a la tête tournée du chagrin que lui donne le succès de son livre. Les dévots sont furieux et veulent le faire brûler par la main du bourreau. Véritablement, il contredit la Bible en tout. » Buffon doit se rétracter, mais le pas est franchi : les esprits commencent à s'émanciper vis-à-vis de l'autorité biblique ; l'existence dans le passé d'un monde, de mondes différents du nôtre est peu à peu reconnue comme possible. Mais un nouveau débat s'ouvre, parmi les naturalistes : le passage des anciens mondes au monde actuel se fait-il selon des processus continus ou bien par à-coup ? S'agit-il d'une transformation lente et paisible ou bien d'événements brutaux ? Cuvier, parfois qualifié de « dictateur de la biologie », défend avec ses élèves la seconde idée, autrement dit la thèse catastrophiste : des catastrophes aussi soudaines que violentes auraient anéanti les espèces dont ne restent plus que les reliques, les fossiles, et ainsi dégagé le terrain pour de nouvelles flores, de nouvelles faunes. Autant de créations que de couches sédimentaires, celles que les savants du tout jeune muséum d'histoire naturelle de Paris étudient dans les carrières du bassin parisien. L'un d'entre eux, Alcide d'Orbigny, propose le nombre record de vingt-sept catastrophes : un excès qui signe l'arrêt de mort de cette théorie ! Bien entendu, l'histoire ne s'arrête pas là : après la célèbre controverse entre Buffon et Geoffroy Saint Hilaire, les travaux de Lamarck, eux aussi menés dans l'établissement scientifique parisien, préparent ceux du père anglais de la théorie de l'évolution, Charles Darwin. Finies les théories diluviennes et catastrophistes ; place est donnée à la sélection naturelle[20].

Ne voyons pas là un simple chapitre de l'histoire des sciences de la nature, ni même de celle des relations entre la recherche scientifique et la tradition religieuse ou les autorités ecclésiastiques. En filigrane apparaît une mise en question assez radicale des théologies chrétiennes de création : que l'histoire de la nature, dépouillée du carcan fixiste, soit celle de processus continus ou celle d'une suite de catastrophes, il ne peut plus être question de se contenter de la seule théologie d'une création *ex nihilo*, d'un acte au commencement du monde – soit dit en passant, la plus mystérieuse de toutes les catastrophes réelles et imaginées –. Face au monde, à la réalité que lui dessinent les sciences modernes, la confession du Dieu créateur doit nécessairement, pour rester cohérente et solide, intégrer la réalité du temps qui passe, poser la question de la continuité de la création divine, j'entends de la fidélité, de l'attention sans faille de Dieu à l'égard de son œuvre. Et c'est bien dans cette perspective que le récit du Déluge mérite d'être aujourd'hui relu : non pas comme une invitation, une feuille de route qui nous conduira aux restes de l'arche de Noé attendus comme les preuves définitives de l'existence de Dieu ; mais comme une contribution essentielle à une véritable théologie de la création.

Revenons maintenant au récit biblique du Déluge et à ce possible troisième récit de création qui, à bien l'examiner, ne se contente pas de répéter des éléments des deux précédents. Il intègre, je l'ai déjà indiqué, un élément nouveau : celui de l'alliance établie entre Dieu et sa création. L'occasion, pour ceux qui ont rédigé ce texte, de démarquer leur tradition de celle précédemment décrite, celle qui prône et enseigne une conception cosmique de la réalité. Le monde selon Noé, si je puis m'exprimer ainsi, n'est pas celui de la froide assurance du cosmos, mais celui des voies de l'alliance, parfois aussi chaotiques qu'une navigation en haute mer.

Car, ne feignons pas de l'ignorer, le récit du Déluge contrarie, contredit le bel ordonnancement décrit par le premier chapitre du livre de la Genèse : disparue, la séparation posée par le Grand Ordonnateur entre les eaux d'au-dessus et les eaux d'au-dessous la voûte céleste ; rompues, les digues qui retenaient les dernières et dégageaient la terre ferme et sèche. Désormais, ceux qui y marchent, y courent, y rampent ou s'y posent entre deux vols dans l'azur peuvent deviner et savoir que la belle mécanique des astres, le fidèle retour des saisons ne présagent rien de l'immuabilité de leur propre monde. Désormais, ils vivent sous la menace qu'une nouvelle et pareille catastrophe les surprenne dans l'ensorcclante répétition des jours et des nuits, dans la fausse quiétude procurée par des jardins fleuris et des greniers remplis. « Idiot, dira un jour le prophète de Palestine pour mettre en garde ses disciples à l'égard des richesses, cette nuit on te réclamera ta vie. Alors qui sera propriétaire de toutes ces choses que tu as préparées[21] ? » La création selon Noé, la création selon ce troisième récit de la Genèse n'est pas celle d'une fausse assurance, mais celle d'une alliance, j'entends d'une promesse et d'une loi, scellées par un sacrifice et destinées à s'achever par un jugement.

Il faut commencer, à l'instar du récit biblique, par l'idée de sacrifice. C'est là, pourrais-je dire, une manière de catastrophe, car l'acte sacrificiel, sous quelque forme que ce soit, marque une brèche dans l'espace et/ou dans le temps, une rupture entre deux réalités, entre un avant et un après, entre un ici et un au-delà, tous séparés par un seuil qui ne peut être passé, outrepassé sans prendre des précautions, sans se soumettre à un rituel, sans payer de sa personne ou par personne interposée. Il ne fait aucun doute que le sacrifice ainsi compris appartient lui aussi à la théologie biblique de la création, pas seulement à cause du geste de Noé, à peine sorti de l'arche, mais, en fait, dès le premier récit et même le deuxième. Dieu qui sépare les eaux, distingue les espèces vivantes, crée les humains mâle et femelle ; l'homme qui nomme les animaux qui peuplent le jardin et qui mesure ainsi, dans l'expérience de sa solitude, sa différence d'avec eux : autant de gestes, autant de signes et de marques des séparations, des ruptures, des cloisons et des enceintes qu'il convient à Dieu et aux hommes de poser pour que, jour après jour, émerge un monde ou un individu, pour qu'ils puissent survivre, cheminer dans l'existence, y poursuivre une destination et un but. Aussi *tremendum et fascinans* (Rudolf Otto), aussi effrayant et fascinant qu'il puisse apparaître, le sacré ainsi introduit et reconnu est nécessaire à l'être humain, autant que l'horizon pour le voyageur. Perdre le sens du sacré, c'est voir s'évanouir l'horizon, c'est courir le risque de se perdre, de tourner en rond, de rebrousser chemin. Introduire, honorer le sacré au sein de la réalité, au sein de sa propre existence, c'est au contraire leur donner un ordre, leur conférer un sens que par elles-mêmes elles ne présentent ni ne possèdent nécessairement. N'est-ce pas précisément le sens du geste accompli par Noé, sur le mont Ararat ?

Alors que le monde a été totalement bouleversé, alors que toutes les anciennes frontières ont été effacées, alors que les rares survivants, hommes et bêtes, ont vécu durant quarante jours dans une terrible promiscuité, Noé commence par rétablir un semblant d'ordre, de nécessaires frontières entre le passé et le futur, entre le profane et le sacré, entre les êtres eux-mêmes, même s'il en connaît, désormais par expérience, leur fragilité. Il s'arroge aussi le droit de tuer quelques-uns des animaux qu'il vient tout juste de sauver de la mort. Mais il ne s'arroge pas un pouvoir divin : il agit au nom de Dieu, au nom de sa foi en Dieu, plus affirmée que jamais, malgré ou grâce à l'épreuve qu'il a traversée. Il ne s'empresse pas de l'oublier, ni de la renier ; il n'en fait pas davantage grief à Dieu ; il paraît plutôt se l'approprier en posant ces gestes copiés sur ceux de l'acte divin de création. Toutefois, le sacrifice n'est qu'un élément de l'instauration d'une alliance ; celle-ci doit encore comporter une loi et une promesse.

Une loi et une promesse. Il paraît possible et même aisé de dissocier ces deux pièces constitutives de toute alliance ; mais est-ce nécessaire et même souhaitable ? Ne sont-elles pas aussi étroitement liées l'une à l'autre que le sont, si couramment dans la tradition biblique, l'amour et la vérité ? Il y a là davantage qu'un simple rapprochement, qu'une vague analogie. Si la vérité sans l'amour peut tuer et l'amour sans la vérité finir par étouffer, de même en est-il de la loi et de la promesse : la loi sans promesse est stérile et la promesse sans loi pure fantaisie. Seule leur connivence, seule leur conspiration rendent l'alliance capable d'affronter les catastrophes de la vie, de s'épanouir, d'atteindre son terme et son but.

À évoquer et à parcourir la tradition philosophique, il est aisé de découvrir que la notion de promesse semble avoir interrogé, dérangé les penseurs, au point d'en avoir été un peu délaissée, au point d'être en fin de compte restée confinée dans le champ de la théologie. Cette plus grande aisance religieuse vis-à-vis de la promesse proviendrait-elle de ce que la Bible s'ouvre par l'une des expressions les plus simples mais aussi l'une des mises en œuvre les plus puissantes de l'idée de promesse ? Au temps de la Genèse – ce temps intemporel, parce que sans cesse répété –, Dieu dit et Dieu fait. Dire et faire : la promesse est par essence un « acte de parole », un engagement du locuteur, en raison même de la parole qu'il profère. La promesse est un acte moral et juridique, un acte sacramentel aussi qui n'ignore pas l'inexorable écoulement du temps et ses inévitables conséquences, mais au contraire se plonge dans ce fleuve souvent impétueux, parfois catastrophique, toujours imprévisible, avec pour seule véritable assurance, celle de l'espérance. La promesse engage et porte le futur ; elle ne le garantit pas, mais le rend probable, possible : malgré toutes les catastrophes qui se profilent à l'horizon, il y aura des « après » ; aucune perturbation, aucun désastre, aucun malheur ne seront capables de ramener aux temps précédant le sacrifice, l'instauration d'un sens et d'une relation supplémentaires.

Quel rôle, demandent les philosophes, convient-il alors de confier à la loi ? Celui dévolu à la rigueur de la morale, à la force du droit ? Autrement dit, faut-il réduire la loi à la seule fonction contraignante, au risque de diminuer la noblesse, la beauté, la pureté que nous sommes en droit d'attendre d'un engagement, d'une promesse ? L'enseignement des sages et des prophètes, jusqu'à celui du Christ empreint d'une inégalable autorité, n'autorise toutefois aucun doute : la loi est faite pour l'homme et non l'inverse. Elle offre au chemin qu'emprunte la promesse les jalons nécessaires, mais ne peut suffire à l'inspirer et moins encore à lui donner son but. Elle pose les limites, les frontières d'un l'espace de possibles, mais ne peut en tracer l'horizon. Elle dénonce les errements, pénalise les fautes, mais n'ouvre pas les portes de l'avenir. Car la loi ne peut ni offrir ni exiger cette condition indispensable à toute promesse, cette valeur accordée, partagée entre humains et *alter ego*, ce lien qui a pour nom la confiance ; et, lorsque l'autre n'est pas humain, mais le Dieu soupçonné, deviné, confessé, cet élan que nous appelons la foi.

« Si votre foi, rétorque Jésus à ses apôtres qui lui demandent de les rendre plus confiants, si votre foi avait la taille d'une graine de moutarde, vous diriez à ce mûrier : 'Déracine-toi et va te replanter dans la mer', et il vous obéirait[22]. » J'aime cette image, cette parabole de la foi qui associe d'un trait l'arrachement et l'enracinement, le mouvement et la stabilité, en même temps que la faiblesse – la minuscule graine de moutarde – et la force – celle qui transporte ici un mûrier, ailleurs une montagne –. La foi ne saurait être réduite à l'une ou l'autre de ces deux facettes : elle n'est ni un dogmatisme qui enclot, emprisonne et étouffe, ni un gyrovaguisme qui étourdit, désoriente, évapore. La foi exige de l'être humain quelque chose d'analogue à cette double qualité du vivant qui étonne tellement les biologistes depuis un demi-siècle : son invariance et sa transformation ; autrement dit, sa capacité renouvelée, entretenue, à se déraciner et à se réimplanter ; n'est-ce pas encore ce que Thom, je le disais d'emblée, qualifiait lui aussi de catastrophe ? Tel est l'homme, la femme de foi, enseigne Jésus, assuré et mobile, serein et en éveil : « Moi endormie mon cœur éveillé[23] », chante la bien-aimée du *Cantique des Cantiques* qui a inspiré tant de mystiques, tant d'hommes et de femmes à la foi aussi paisible que vive.

Croire ainsi, j'entends être engagé sur l'un des multiples et périlleux chemins de la foi et non se contenter de suivre d'un pas grégaire un système de croyances, croire n'est pas savoir. Certes, le développement des sciences a permis aux humains de percer bien des secrets, d'extirper de leurs cultures, de leurs sociétés bien des mensonges, des connaissances frelatées ou stupides. Le savoir a offert à l'humanité un surcroît sans doute inattendu de liberté et même d'espoir, comme l'estimait François Jacob au terme du *Jeu des possibles*. Mais si le savoir suffit à fonder nos actes les plus courants, les plus quotidiens, il reste incapable de nous aider à franchir le pas, à outrepasser ses rivages, ses frontières, certes du moment, mais au-delà desquels se trouve la vraie vie, celle de toutes les promesses. Seule la confiance, seule la foi peuvent rendre les humains suffisamment forts pour accomplir cette démarche qui, effectivement et nécessairement, est celle d'un déracinement et d'une réimplantation. De commencement en commencement, de catastrophe en catastrophe, sans qu'il s'agisse pour autant d'un chaos. Jamais aucune catastrophe n'a pu semer la moindre « graine de moutarde » de foi dans l'âme d'un humain, ni l'augmenter de la moindre parcelle ; en revanche, chacune en révèle l'existence ou l'absence ; chacune d'entre elles offre l'occasion, certes tragique et dramatique, d'en mesurer l'étendue. Alors qu'il se trouve plongé dans le premier et l'un des pires chaos que notre humanité ait connu au cours du XXe siècle, Pierre Teilhard de Chardin écrit dans son journal, le 10 octobre 1917 : « Trouver Dieu dans l'acte même de progresser... Le Futur nous porte à la mesure de notre foi... »

4. De la théodicée à l'anthropodicée et retour

Je citais, dans le préambule à cet essai, le mot du père Leroy qui invitait à rendre à Dieu et à César, autrement dit, aux scientifiques, ce qui revient à chacun d'entre eux. Telle est aussi la tâche à laquelle se sont attelés ceux qui ont entrepris d'élaborer une théodicée, puisque, selon l'étymologie même du terme grec Θεοῦ δίκη, ils ont voulu faire justice à Dieu, à sa toute-puissance, à son omniscience et à sa bonté ; il ont cherché à montrer, démontrer comment son œuvre de création est juste, malgré l'existence de la souffrance, du mal et de la mort. Partisans et opposants à cette idée se sont affrontés et s'affrontent encore avec une attention, quand ce n'est pas une une prédilection toute particulière pour les drames, les événements catastrophiques qui marquent l'existence individuelle ou collective des humains.

S'il présente bien des points de ressemblance avec le tsunami de décembre 2004, le tremblement de terre de Lisbonne, en novembre 1755, a provoqué à l'époque un vif débat au sein de l'intelligentsia européenne, mais d'une autre tonalité que celui qui a suivi la catastrophe de l'océan Indien : à cette époque, il n'a pas été question de la faiblesse, ni des failles des moyens avancés d'alerte ou encore de l'exceptionnelle, de l'inhabituelle mobilisation de l'aide internationale, mais avant tout des conséquences théologiques de la catastrophe lisboète. Comment, en effet, croire en un Dieu Créateur, bon et tout-puissant, lorsque ses créatures, et mêmes ses « très fidèles » créatures, puisque le pape avait conféré ce titre au roi du Portugal, trouvent la mort dans d'aussi tragiques circonstances ? Philosophes et théologiens se sont affrontés longtemps après l'événement. Kant s'emploie à écarter toute référence et surtout tout recours au surnaturel : il focalise son intérêt sur les possibles explications scientifiques du phénomène. Leibniz et ceux qui peuvent être qualifiés de providentialistes s'efforcent de défendre les attributs habituels de Dieu ; le mal, prétendent-ils, doit être perçu et compris comme un élément essentiel de l'harmonie naturelle, celle que Dieu a voulue et établie. À l'opposé, Voltaire s'en prend directement à l'ordre cosmique jusqu'alors admis et au Dieu qui s'y révèle… ou en dépend, comme je le soupçonne. Le tremblement de terre de Lisbonne, écrit Theodor Adorno en 1966 dans sa *Dialectique négative*, suffit à guérir Voltaire de la théodicée de Leibniz. Trois ans plus tard, dans *Candide*, son célèbre conte philosophique, il se moque de tous les docteurs Pangloss qui prétendent, à la suite du philosophe allemand, que « tous les événements sont enchaînés dans le meilleur des mondes possibles ». Pour autant, Voltaire ne met pas en doute l'existence de Dieu ; nous lui connaissons cette célèbre formule : « L'univers m'embarrasse, et je ne puis songer que cette horloge existe et n'ait point d'horloger ». C'est là une précision de poids : le maître de Ferney s'en prend d'abord aux défenseurs inconditionnels de la toute-puissance divine qui font courir à l'humanité les dangers du fatalisme et de l'inaction. « *Tout est bien aujourd'hui*, voilà l'illusion » écrit-il entretemps, dans son *Poème sur le désastre de Lisbonne* (1756). Face aux événements qui constituent le cours de l'existence des humains et de leurs sociétés, Voltaire leur reproche de se plaindre des conséquences mais d'en chérir les causes. C'est là une idée que défend déjà son ami Diderot, quelques années avant le tremblement de terre, dans une lettre qu'il lui a adressée, le 11 juin 1749 : « Ils disent que tout est nécessité. Selon eux, un homme qui les offense ne les offense pas plus librement que ne les blesse la tuile qui se détache et qui leur tombe sur la tête : mais ils ne confondent point ces causes, et jamais ils ne s'indignent contre la tuile, autre conséquence qui me rassure. » Au dangereux cocktail qui mêle le fatalisme et l'inaction, Voltaire oppose donc la contingence et le volontarisme. Rousseau, enfin, suite à la catastrophe de 1755, prend la tête de ceux qui estiment que « la plupart de nos maux physiques sont encore notre ouvrage » : il choisit de faire porter la responsabilité du désastre sur le seul compte des humains, de leur imputer leur imprudence en matière de construction urbaine et d'organisation sociale. N'aurait-il pas suffi, demande l'auteur du *Contrat social*, de construire des maisons moins hautes et de tracer des routes plus larges pour éviter ou, pour le moins, réduire le nombre de victimes et les dégâts matériels ? Prenons la mesure du caractère incongru et même provoquant, de la suggestion de Rousseau, j'entends pour les hommes de ce milieu du XVIIIe siècle : Dieu n'est plus le seul à être mis en cause, en question, en examen ; l'homme est lui aussi accusé, mis sur la sellette, contraint à se justifier. Dès lors, le tremblement de terre de Lisbonne ne constitue pas seulement l'occasion d'ajouter une nouvelle pièce au dossier, déjà bien fourni, de la théodicée ; il inaugure aussi une nouvelle question, de nouvelles disputes autour de ce que je qualifierai d'anthropodicée. Car, désormais, l'humanité qui prétend, grâce au progrès de ses connaissances et de ses techniques, maîtriser les puissances de la matière et posséder la nature, doit aussi répondre des désastres et des catastrophes qui peuvent survenir. Désormais, il ne suffit plus de rendre à Dieu la responsabilité qui pourrait lui revenir dans les malheurs qui frappent l'humanité, mais aussi à cette dernière sa propre part. Jusqu'au moment, jusqu'au point où l'anthropodicée se substitue entièrement à la théodicée.

Car l'humanité, selon le mot de Monod cité en préambule, se retrouve désormais bel et bien seule, dépouillée de tout destin préétabli, de tout devoir imposé, contrainte de choisir par elle-même « entre le Royaume et les ténèbres ». Il serait alors aisé ou, pour le moins, tentant d'entreprendre ici le procès de notre époque, à l'instar de ceux qui profitent des maux qui heurtent et ébranlent nos sociétés pour dénoncer les méfaits de la mise à l'écart de Dieu et de l'annonce de sa mort. Les difficultés que nous rencontrons aujourd'hui pour gérer ou seulement supporter les inquiétantes évolutions de notre planète, de sa biosphère, de son atmosphère, de sa géosphère, la lenteur pour ne pas écrire l'impossibilité que nous montrons à prendre des décisions qui pourtant paraissent s'imposer pour assurer la survie de notre humanité, mettent en effet en cause la puissance et la volonté qui continuent à être revendiquées par notre espèce. Nous qui prétendions honorer l'invitation de Descartes à « devenir comme maîtres et possesseurs de la nature » (*Discours de la méthode*, 1637), à quoi sommes-nous aujourd'hui parvenus ? Oserions-nous, comme le Créateur aux jours de la Genèse, conclure chacune de nos entreprises par un *satisfecit*, répéter qu'elles sont bonnes ? Avons-nous seulement appris à maîtriser les forces telluriques qui détruisirent Lisbonne ? Les centaines, les milliers de catastrophes naturelles qui touchent chaque année des régions entières de notre planète nous contraignent à demeurer modestes. Nous sommes bien loin du compte, bien loin des jardins d'Éden et des îles d'Utopie que nos seules et ambitieuses imaginations avaient dessinés. Nos travaux ressemblent davantage à ceux d'un apprenti-sorcier qu'à ceux d'un démiurge, même si, il ne faut évidemment pas l'oublier, jamais un être vivant sur cette planète n'était jusqu'alors parvenu à un tel niveau de savoir conscient et de pouvoir en œuvre.

Quoi qu'il en soit, à travers la déroute des idéologies du Surhomme dès le seuil du XXe siècle, à travers les successives révolutions qui ont touché plusieurs champs des sciences, l'humanité a acquis une connaissance singulière de sa finitude et de sa singularité, tant spatiale que temporelle. L'univers où elle vit est outrageusement illimité ; le temps dans lequel elle est plongée est aussi irréversible qu'imprévisible. L'assurance cosmique est un vain mot, le Dieu qui y est attaché une possible idole ou une simple contradiction. Dès lors, à quel saint, mieux à quel Dieu se vouer ? Si une anthropodicée se justifie, s'impose, elle n'a finalement pas totalement écarté la nécessité d'une théodicée, ni celle d'une théologie. Même ceux qui estiment pouvoir aujourd'hui en finir avec Dieu, précisément au nom de ces catastrophes, ne font sans doute rien d'autre que se battre avec des systèmes de croyance et des cultures religieuses et, surtout, s'en prendre à certaines conceptions de Dieu, plus qu'à l'existence même de Dieu. Une fois encore, car tel est le fondement de toute quête de Dieu, l'enjeu est bel et bien de découvrir un autre Dieu que celui dont nous aurions décidé *a priori* qui il devrait être, où, comment et pour quelle raison il devrait agir. Nous n'aurons jamais fini de découvrir ce Dieu qui, à Moïse, n'avait pas donné d'autre nom que le mystérieux « Je suis qui je suis », qui ne cesse de se voiler et de se dévoiler aux yeux de la foi dans la réalité de sa création. Mais, le plus souvent, il nous est bien difficile d'accepter que Dieu puisse ne pas être ce que nous voudrions qu'il soit.

Tel est l'esprit avec lequel John Sanders prétend avoir rédigé un ouvrage au titre attrayant et même provocateur par son caractère anthropomorphique : *The God Who Risks* – Le Dieu qui risque ; le sous-titre plante le décor en même temps que le projet : *A Theology of Providence* – Une théologie de la providence. Mis en cause par les membres les plus conservateurs de la Société évangélique de

théologie (Evangelical Theological Society) puis démis de
ses fonctions d'enseignement à l'université d'Huntington,
Sanders développe dans cet ouvrage des idées qui
appartiennent à l'*open theism*, au théisme ouvert. Ce
courant enseigne une providence divine dynamique et un
savoir divin ouvert sur l'avenir, plutôt qu'une omniscience.
Parmi les théologiens qui appartiennent ou se déclarent
proches de ces idées théologiques, il est intéressant de
relever la présence de John Polkinghorne ou encore
d'Arthur Peacocke, tous deux scientifiques, théologiens
et ministres ordonnés, qui ont consacré une partie de
leurs travaux à la manière d'élaborer une théologie à une
époque, à un âge tellement marqué par les connaissances
scientifiques. Toutefois, là n'est pas la principale perspective
de Sanders.

Le théologien raconte d'emblée les circonstances dans
lesquelles il a été conduit, contraint de réfléchir à la notion
théologique de providence : jeune journaliste, il a été amené
à « couvrir » un accident grave de circulation… dont il a
vite découvert que la principale victime était son propre
frère. Une rude expérience de l'existence humaine, dans ce
qu'elle a à la fois de plus tragique et de plus commun ; une
expérience douloureuse qui n'est pas sans rappeler celle de
Job, puisque des amis, des coreligionnaires – Sanders est
chrétien méthodiste – n'ont pas manqué de le consoler, ou
du moins ont tenté de le faire, en lui répétant que Dieu
avait sans nul doute de « bonnes raisons » de permettre la
mort de son frère. Une consolation qu'à son tour, après Job,
le théologien américain a refusée.

Le cadre dans lequel la providence doit être conçue
et comprise, rappelle Sanders, est celui de l'œuvre d'un
Créateur divin, au sens où la tradition biblique entend
l'idée de création, autrement dit celui d'une relation établie
par Dieu avec ses créatures. Non pas une relation lointaine,
à la manière d'un démiurge, d'un lointain *designer*, mais

une relation telle que l'a précisée l'alliance conclue au temps de Noé, autrement dit une alliance. Or, qui dit alliance, dit promesse : Dieu révèle posséder un projet pour sa création, un projet dont il a promis, dont il promet la réalisation, l'accomplissement – du moins dans le cadre, dans la mesure de cette alliance, qui déborde largement celle conclue avec les seuls Hébreux et concerne toutes les créatures, en particulier tous les êtres humains –. Sanders promeut, confesse un théisme relationnel (*relational theism*) et non une déité impersonnelle ou un Dieu qui contrôle méticuleusement toute chose. Ainsi écarte-t-il les interprétations bibliques et les perspectives théologiques trop déterministes. Certes, Dieu peut toujours agir dans une certaine direction, en particulier influencer les humains, par exemple les encourager à accomplir un exploit ou au contraire endurcir leur cœur ; mais, répète le théologien, cette action ne leur enlève jamais leur propre capacité à faire un choix, à prendre une décision, alors qu'un monde intégralement prédéterminé et complètement connu de Dieu ne possèderait bien évidemment plus aucun degré de liberté. Ainsi, conclut Sanders, Dieu ne prédit pas, ne prévoit pas, mais il promet, il permet. Et, par voie de conséquence, les discours et les actes prophétiques ne doivent pas être lus ni interprétés comme des prédictions, des prévisions, mais plutôt comme des préventions, des formes d'alerte, des mises en garde ; n'est-ce pas effectivement le ton emprunté par les prophètes : « Malheur à vous, si vous ne vous convertissez pas » ? Parfois aussi, avance Sanders, les prophéties ou les textes qui sont désormais présentés comme tels sont seulement le fait d'une répétition d'événements : c'est ainsi qu'il conviendrait de rapprocher le massacre des innocents et la prophétie de Jérémie, au chapitre 31 de son livre. Enfin, ne devrait pas être négligée l'action sélective de la mémoire, particulièrement efficace, en ce domaine où s'entrechoquent volontiers les temps, pour embrouiller la conscience des humains.

Autant de réflexions, d'arguments qui, de l'avis de Sanders, soutiennent l'idée de la providence dynamique et du savoir ouvert qui seraient ceux de Dieu : « J'affirme, écrit-il encore, que la clé du débat sur la providence n'est pas le type d'omniscience que possède Dieu, mais la manière dont Dieu a décidé d'exercer sa souveraineté. » Dieu règne : telle est l'affirmation centrale de l'ouvrage de Sanders, tel est l'angle théologique sous lequel le théologien d'Hendrix College invite à recevoir, à méditer et à interpréter théologiquement le témoignage biblique et historique des actions de Dieu à l'égard de sa création et au sein de son histoire. Il porte une attention toute particulière à la personne, aux faits et gestes du Christ : le baptême et les trois tentations au désert, la nuit d'agonie dans le jardin de Gethsémani et la passion, mais aussi la prédication et les guérisons. Ce que tient à souligner Sanders, c'est la révélation de l'amour divin, trop souvent oubliée, occultée par l'enseignement et la pratique des traditions chrétiennes. Telle est la manière dont Dieu a décidé de régner : par amour, dans le respect de la liberté humaine et en acceptant de s'autolimiter. L'amour n'est pas aveugle, mais il est vulnérable ; il est sans limites, mais reste toujours précaire, fragile. Cœur de la révélation christique, ne reste-t-il pas l'un des attributs divins les plus difficiles à admettre, en particulier pour la théologie occidentale ? D'où la nécessité de revenir sans cesse au message christologique qui demeure, conclut fort justement le théologien américain, le plus grand fauteur de troubles de la foi en la toute-puissance divine.

Oui, celui qui accepte d'observer, de réfléchir à la manière dont Dieu a choisi d'exercer sa souveraineté, plutôt que de décider *a priori* de la manière dont il devrait régner, celui qui confesse, avec la tradition biblique, que Dieu crée l'homme à son image et qu'il convient donc d'éviter de « créer », de « dire » Dieu selon nos propres images, nos propres représentations humaines – bref, pratiquer le théomorphisme de préférence à l'anthropomorphisme –, celui-là peut admettre un *risk model of providence*, autrement dit de répondre affirmativement à la question : Dieu prend-il des risques ? Et si Dieu prend des risques, il doit lui-même avoir abandonné toute conception, autrement dit, puisqu'il est Dieu, toute création d'un cosmos, d'un monde à l'assurance cosmique. Sans doute ne joue-t-il pas, si le jeu est un « faire sans pourquoi » ; mais du moins, à l'instar des mathématiciens et des entrepreneurs modernes, maîtrise-t-il à sa manière l'art des probabilités. Cet art que les messieurs de Port-Royal avaient inauguré en cherchant à mesurer les conséquences d'un événement, d'une décision, d'une action grâce au calcul de leur occurrence, de leur fréquence. Ainsi, dans leur *Logique ou l'art de penser* (1662), Pierre Nicole et Antoine Arnauld écrivent : « La peur du mal est proportionnelle non seulement à sa gravité, mais aussi à sa probabilité. » Dieu prend des risques de cette nature ; Dieu a peur pour ses créatures ; Dieu se soucie pour elles : telle est, selon Sanders, la manière de concevoir la providence à laquelle conduit la lecture de la Bible, à la lumière des Évangiles. Et il ne s'étonne donc pas de découvrir, en lisant la Bible, que Dieu peut parfois changer d'avis, se repentir : « la divine repentance, conclut-il, est l'expression de la sagesse, de la confiance, de l'amour de Dieu. »

5. Lorsque Dieu se repent

Jonas fut très certainement le plus malheureux des prophètes de malheur. Nul n'ignore sa rocambolesque histoire : l'appel de Dieu à se rendre à Ninive pour annoncer à ses habitants la menace divine qui pèse sur eux, le refus de Jonas d'accomplir cette mission, sa tentative de fuite, la complicité d'un « gros poisson » pour contraindre le prophète récalcitrant à obéir à Dieu, la brève prédication dans les rues de l'immense Ninive, la volte-face et la pénitence de ses habitants, la clémence divine... et la colère boudeuse de Jonas. Pourquoi, lui demande alors Dieu, se met-il dans un tel état ? Et Dieu de recourir à un aimable stratagème, le dépérissement d'une plante à l'ombre bienvenue et apaisante, pour faire prendre au prophète la mesure de la justice et de la bonté divines : « Tu te soucies de l'arbre du qiqayôn pour lequel tu n'as fait aucun effort et que tu n'as pas fait grandir qui fut en une nuit et en une nuit disparut ! Et moi je n'aurais pas souci de Ninwéh la ville la grande dans laquelle il y a plus de douze myriades d'hommes qui ne connaissent pas entre leur droite et leur gauche et un bétail considérable [24] ? »

Pourquoi cette bouderie du prophète dont Dieu choisit de se moquer avec autant d'humour et de délicatesse que de vigueur ? Parce que, en prenant au sérieux ses paroles, les gens de Ninive lui ont donné tort, l'ont fait mentir : contrairement à ses prédictions, leur ville n'a pas été détruite, ni eux-mêmes décimés. Lucide comme tout prophète qui se respecte, Jonas avait anticipé cette possible issue et c'est précisément pour cette raison qu'il avait d'abord refusé de remplir la mission confiée par Dieu : il savait par avance qu'elle serait immanquablement vouée à une forme d'échec. Soit les Ninivites ne l'écouteraient pas et périraient aussi tragiquement que les habitants de Sodome et de Gomorrhe ; Jonas devrait alors affronter, accepter, digérer seul l'insuccès de sa prédication, l'inefficacité de son appel à la conversion. Soit ils accorderaient foi à ses paroles et échapperaient au châtiment annoncé ; dans ce cas, Jonas aurait à subir publiquement des remarques du genre : « Tu vois, il n'y avait pas besoin de s'en faire… Ton Dieu a bien vite changé d'avis… Nous nous sommes très bien tirés d'affaire… Où est le cataclysme que tu nous avais prédit ? » Quel humain accepterait de s'engager dans une entreprise, dans une mission dont il serait assuré qu'elle le conduirait immanquablement à l'échec ?

De ce constat, à la formulation somme toute aisée, Jean-Pierre Dupuy a tiré une stimulante réflexion sur la manière dont nous-mêmes appréhendons l'annonce de catastrophes. L'enjeu s'énonce facilement : « s'il faut prévenir la catastrophe, on a besoin de croire en sa possibilité avant qu'elle ne se produise. Si, inversement, on réussit à la prévenir, sa non-réalisation la maintient dans le domaine de l'impossible, et les efforts de prévention en apparaissent rétrospectivement inutiles[25]. » Ce que Dupuy propose d'appeler le « catastrophisme éclairé » constitue l'un des principaux défis lancés à nos sociétés, menacées par des catastrophes d'ampleur planétaire et susceptibles d'ébranler leurs principaux équilibres et supports. Car, poursuit l'épistémologue français, « la catastrophe a ceci de particulier que non seulement on ne croit pas qu'elle va se produire alors même qu'on a toutes les raisons de savoir qu'elle va se produire, mais qu'une fois qu'elle s'est produite elle apparaît comme relevant de l'ordre normal des choses[26]. » Jamais l'être humain ne se débarrasse totalement de son attirance, de son affection pour l'assurance cosmique et le toujours possible retour à l'ordre normal des choses, à ce que j'ai qualifié de belle totalité ordonnée. Jonas l'avait suffisamment compris pour estimer que, de son seul point de vue, la mission demandée par Dieu était nécessairement vouée à l'échec et, *a priori* ou *a posteriori*, à la non-reconnaissance de la part de ceux auxquels Dieu l'envoyait. Et, d'ailleurs, le texte biblique ne dit rien du moindre geste de reconnaissance de la part du roi et des habitants de Ninive à l'égard de Jonas, pour le remercier de les avoir prévenus et sauvés de la colère divine !

L'épopée de Jonas, non dénuée d'un subtil mélange de sagesse et d'humour, interroge donc notre époque sur sa manière d'associer le savoir et le croire lorsqu'il s'agit d'appréhender et de prévenir son avenir proche ; mais ce récit constitue aussi une belle leçon de théologie des catastrophes, un enseignement sur les manières d'être et d'agir de Dieu, en l'occurrence sur sa propension à la repentance. Une propension que Jonas paraît avoir eu quelque difficulté à accepter et à propos de laquelle, aussi commune qu'elle puisse paraître aux familiers des textes bibliques, il conviendrait pourtant de s'interroger. En effet, comment est-il possible d'imaginer, de penser que Dieu puisse montrer le moindre mouvement, la moindre inclinaison à la repentance ?

Un bref détour par la signification et l'usage de ce terme s'impose. Présent dans la langue française depuis le début du XIIe siècle, le mot de repentance est sans doute trop facilement associé à la seule idée de peine et de regret, en particulier vis-à-vis de ses fautes ou, plus généralement, d'une action entreprise. Mais Bossuet en use aussi pour désigner plus généralement un changement d'attitude ou de résolution : autrement dit, la signification de la repentance ne doit pas être réduite à celle de « battre sa coulpe », de regretter son erreur, de pleurer sa faute ;

de plus, il convient de ne pas la limiter à la seule sphère d'autorité ou d'influence religieuse. Se repentir, au sens de ce terme le plus étendu mais aussi le plus noble, suppose l'œuvre de la raison, l'appel à l'intelligence, la grandeur de l'âme – celle d'une personne, celle d'une société tout entière – afin d'être capable de suspendre une manière de penser, de croire ou d'agir, et, si nécessaire, d'en changer. Quelles qu'en soient les conditions ou les circonstances, toute repentance s'inscrit dans le cadre d'une alliance : elle suppose, sous-entend elle aussi une loi et une promesse. Une loi d'abord pour servir de référence, de miroir et pour rappeler les responsabilités en jeu ; cette loi peut très bien être celle de l'amitié, de la fraternité, de l'amour. Une promesse ensuite pour fonder, pour donner sens à l'œuvre de mémoire le plus souvent associée à la repentance, pour enraciner la fidélité, indispensable à toute forme de repentance. Alliance, loi et promesse : la repentance en a besoin, les exige, car elle possède un évident caractère catastrophique. La repentance, si elle est vraie, dénuée de faux-semblant et d'hypocrisie, instaure, impose en effet une rupture, une conversion. La tradition biblique ne manque pas d'exemples.

À première vue, la parabole évangélique du père et de ses deux fils, celle dite communément du fils prodigue, met en scène deux repentances : celle, accomplie, du fils cadet, et celle, apparemment refusée, du fils aîné[27]. Ainsi, ce texte offre une illustration des deux mondes que j'ai entrepris de décrire ici : celui de l'assurance cosmique, représentée et même défendue par l'aîné – « Cela fait tant d'années que je te sers. Jamais je n'ai désobéi à aucun de tes ordres… » – et celui de la liberté, du jeu des possibles, du risque dans lequel s'est engagé le cadet en quittant le domaine paternel, pour rejoindre un pays lointain et sans doute inconnu, comme le texte biblique ne manque pas de le préciser. Pour autant, la leçon à tirer de cette parabole pourrait sembler en défaveur du cadet : ne revient-il pas tout penaud dans la maison de ce père devant qui il n'ose pas même se présenter en sa qualité de fils ? Il juge avoir commis une erreur d'estimation de sa propre capacité à l'indépendance, à l'autonomie et, plus encore, une faute à l'égard de son père et même de Dieu. « Père, je suis coupable envers le Ciel et envers toi » : tel est l'aveu qu'il a imaginé et répété tout au long de sa route de retour vers le domaine paternel. Cette volte-face, cette repentance, le père l'accueille, l'agrée au-delà du prévisible. Non seulement il refuse la demande de son fils de le considérer désormais comme un simple ouvrier, mais il pose un geste étonnant : il ordonne à ses domestiques de tuer et d'apprêter le veau gras ! Tient-il seulement, par ce geste généreux, à célébrer le retour de son cadet, comme le suppose le fils aîné, une fois achevée sa journée de travail aux champs ? Il faut ici se souvenir que la liturgie hébraïque prévoit le sacrifice d'un animal en signe de regret… mais de la part de l'offenseur, du pénitent – pensons au célèbre bouc émissaire –. Alors, pourquoi ne pas nous demander si le chef de famille n'a pas tenu lui aussi à poser un geste de repentance et à tourner une page, à clore un chapitre de l'histoire familiale et à prendre un nouveau chemin dans sa relation avec son cadet, puis avec son aîné ? Si cette proposition d'interprétation de la parabole était possible, recevable, il ne faudrait évidemment pas chercher l'erreur dissimulée, encore moins imaginer la faute hypothétique que le père aurait accomplie, mais seulement considérer l'expression de sa volonté d'agir dans un autre esprit que celui auquel l'autorité paternelle, les habitudes familiales ou même les réprimandes de son aîné l'invitent. En sacrifiant le veau gras, lui aussi marquerait sa volonté de convertir sa façon d'assurer, d'assumer ses responsabilités de père. Lui aussi se repent.

Et s'il convenait d'interpréter dans une perspective analogue les épisodes rapportés par la Bible où Dieu est dit se repentir, revenir sur ses décisions ? Une volte-face divine qui n'est pas la réponse à une erreur ni à une faute de sa part, qui n'est pas non plus un pur et simple coup de tête, une lubie de monarque, mais seulement la réponse de Dieu aux aléas de la création, aux atermoiements des humains, parfois aussi à leurs propres gestes de repentance. Confesser Dieu créateur, c'est accepter qu'il puisse parfois lui aussi se repentir.

N'en demeure pas moins une question, un peu effrayante, vertigineuse : comment savoir que Dieu se repent ? Certes, Jonas a pu constater l'apparente repentance des habitants de Ninive, suite à sa mise en garde, à sa prédication ; mais peut-il être certain que Dieu est revenu de sa colère, qu'il a suspendu son jugement et sa punition ? Si aucune des catastrophes que Jonas – ou l'un de ses confrères – a prévues imaginées, n'est survenue, n'est-ce pas tout simplement qu'elles n'ont jamais existé ailleurs que dans son propre esprit ? Tout prophète qu'il est, pense être ou prétend être, que sait-il réellement des desseins de Dieu pour estimer que ce dernier a changé d'avis, a pardonné à son peuple, a détourné de lui sa main puissante et sa vengeance courroucée ? Je le répète : la foi en un Dieu créateur exige celle en un Dieu qui pardonne et, devons-nous désormais ajouter, en un Dieu qui se repent. La foi, et la foi seule, dénuée, dépouillée de toute preuve, peut accorder à Dieu cette possibilité… et aux pécheurs de ne pas tous mourir dans le feu tombé du ciel !

Mais Dieu ne paraît pas toujours prêt à se repentir : nombreux sont les prophètes à être, en fait, plus malheureux encore que le malheureux Jonas ! Exilé comme plusieurs milliers de ses coreligionnaires en Mésopotamie, après la chute de Jérusalem au VIe siècle avant notre ère, Ezéchiel se refuse à consoler ses coreligionnaires en faisant porter à Dieu et à son humeur, mauvaise, paresseuse ou désintéressée, le poids de cette catastrophe. À ceux

qui s'interrogent, il répond, sans guère de délicatesse :
« Vous dites que les menées du Seigneur ne sont pas
justes. Écoute, maison d'Israël, est-ce que ce ne sont pas
les vôtres ? » Autrement dit, avant de mettre en doute la
justice divine, les hommes feraient mieux de juger leurs
propres conduites, de mesurer leur propre manière d'être
justes ou, trop souvent peut-être, de ne pas l'être : « Si le
juste revient sur sa justice, la trahit et meurt, c'est pour le
mal qu'il a fait qu'il meurt. Et si le criminel revient sur ses
crimes pour agir selon le droit et la justice, il sera plein de
vie[28]. » La justice de Dieu, sa fidélité, rappelle et martèle
Ezéchiel avec d'autres frères prophètes, appartiennent au
registre de la foi confessée ; elles ne peuvent être jugées,
jaugées par les humains à l'aune de leurs propres valeurs,
moins encore de leurs choix, de leurs propres actions :
« Vos desseins, dit Dieu à Isaïe, ne sont pas mes desseins ni
vos chemins mes chemins[29]. » Le Dieu des catastrophes, le
Dieu des jours d'après, le Dieu qui se repent n'est pas plus
éloigné des humains que le Dieu de l'assurance cosmique ;
en revanche, la frontière qui le sépare de ses créatures est
plus marquée. Jamais le père du prodigue n'a montré une
autorité plus affirmée, une différence plus grande avec ses
deux fils qu'au moment où il ordonne de sacrifier et de
préparer le veau gras. Jamais non plus ses deux fils n'ont été
invités à exprimer avec une même urgence la confiance, la
foi en lui qui était la leur.

6. Faut-il faire du mal une catastrophe ?

« Et quant aux dix-huit qui furent tués par la chute de la tour de Siloé, pensez-vous qu'ils étaient plus redevables que tous les habitants de Jérusalem ? Non. Mais je vous le dis, si tous vous ne vous transformez pas, de la même façon vous périrez[30]. » Plus habitués à recevoir de sa part un enseignement sous forme d'instructions ou de paraboles, les auditeurs et les disciples de Jésus ont dû être surpris de l'entendre évoquer, puis commenter un fait divers, en l'occurrence l'effondrement de cette tour, dite de Siloé, qui a entraîné la mort de personnes, dix-huit précise le texte évangélique. Une tragédie somme toute banale au regard de l'histoire humaine, qui appartient à la catégorie malheureusement bien fournie des accidents dus aux défauts de conception, de construction, d'entretien ou d'usage des architectures humaines. C'est l'occasion, pour le prophète de Palestine, de refuser catégoriquement une théologie et une cosmologie qui, dans la droite ligne de celles représentées et défendues par les amis de Job, interpréteraient un tel événement, un tel accident comme un châtiment voulu par Dieu à l'encontre d'individus obligatoirement redevables, coupables vis-à-vis de l'ordre du monde. « Faux jetons que vous êtes, vient juste d'affirmer Jésus, vous savez interpréter l'aspect du ciel et de la terre, mais le temps actuel, vous ne savez pas l'interpréter ? Pourquoi ne discernez-vous pas ce qui est juste par vous-mêmes[31] ? » Comment ne pas penser à l'enseignement de Socrate, l'inscription du temple de Delphes, transmise dans son *Chalmide* : « Connais-toi toi-même » et dont nous connaissons un intéressant *addendum* judicieux, à l'origine incertaine : « … et tu connaîtras l'univers et les dieux » ? Jésus n'invite pas à la révolte vis-à-vis de la divinité, mais avant tout à quitter le manteau, le joug de l'hypocrisie, à rendre à Dieu et à César ce qui leur revient, à commencer par faire justice, un peu à la manière de Rousseau après le drame de Lisbonne.

Que tient donc Jésus à enseigner à ceux qui l'écoutent, à ceux qui l'écouteront, en évoquant le drame de la tour de Siloé ? Qu'il n'est pas question de soupçonner, ni de juger ces dix-huit personnes d'être coupables de quelque crime, de quelque péché à l'encontre de la divinité, ni même des humains – dans la mesure où aucune d'entre elles n'a *a priori* provoqué la chute de la dite construction – ; qu'il convient plutôt de les considérer comme les victimes d'un mal qui leur est en quelque sorte extérieur : ils sont bel et bien les frères de Job en humanité, en droit de revendiquer justice, en droit de savoir pourquoi, par qui ils ont été ainsi frappés, meurtris, occis. Sans même parler de la souffrance des blessés et de leurs proches. À cette requête bien compréhensible, Jésus n'apporte aucun élément de réponse qui laisse deviner sa propre explication : ni Leibniz, ni Voltaire, ni Rousseau, ni aucun des protagonistes du débat qui a suivi la catastrophe de Lisbonne n'a pu trouver dans les propos du rabbi le moindre argument en leur faveur. En revanche, Jésus poursuit son discours par une exhortation à première vue étrange : « Si tous vous ne vous transformez pas, de la même façon vous périrez. » Pourquoi cette mention explicite à une opération de transformation, autrement dit à une conversion ? Pourquoi aurions-nous, et avec nous ces accidentés qui viennent juste d'être déclarés non-coupables, besoin de changer de vie ? Serions-nous quand même pécheurs ? « Non », dit explicitement Jésus, « mais… ». Non, ces victimes ne sont pas *plus* redevables, *plus* coupables que n'importe lequel d'entre nous à l'égard de n'importe quelle loi, de n'importe quelle promesse, de n'importe quel juge. Mais, pourtant, nous sommes tous pécheurs, tous invités à la conversion et au repentir. Que penser de ce « Non... Mais... », de cette ambiguïté, de ce paradoxe ? Vers quel horizon Jésus veut-il orienter notre regard théologique ? Ne serait-ce pas vers une compréhension du mal et du péché qui abandonne tout référentiel cosmique ?

Reconnaissons-le : concevoir la réalité comme un cosmos, ou même se contenter de lui donner un cosmos pour modèle, présente bien des avantages, en particulier ceux associés à la stricte application d'une norme et d'une règle, à l'unique référence à la perfection et à l'idéal. Une fois ces jalons, ces repères posés, il suffit de s'y tenir, de s'y conformer, d'y revenir, sans qu'il soit le plus souvent nécessaire de s'interroger sur les tenants et les aboutissants, les préalables et les conséquences des actions requises ou entreprises. La loi sans la foi, pourrais-je redire ici. Soumis à des lois déterministes et à un impérieux dessein posé une fois pour toutes, une mécanique cosmique n'a plus besoin que de systèmes d'autorégulation, de thermostats et de soupapes de sécurité : les automatismes sont les meilleurs alliés du cosmos. Les souffrances, les maux, les malheurs, la mort elle-même sont secondaires, même s'ils restent parfois nécessaires : ils sont impitoyablement écrasés par la froide et belle grandeur de la totalité. Tout incident, tout accident, toute catastrophe, toute erreur prend les allures d'une faute, d'un délit commis à l'encontre du bel ordonnancement. « L'univers, explique l'empereur romain Marc-Aurèle, est comme mutilé, si peu qu'on retranche à la connexion et à l'enchaînement des causes, non moins que de ses parties. Or tu romps cet enchaînement, autant qu'il dépend de toi, quand tu es mécontent des événements et, en un sens, tu les détruis[32]. » Lorsqu'une telle catastrophe survient, lorsqu'une telle faute est commise, il n'y a qu'une seule issue, qu'une seule solution, celle qui consiste à éliminer, à exclure ou, pour le moins, à isoler l'élément monstrueux, l'objet de scandale, l'obstacle au destin, de peur qu'il ne parvienne à diffuser le désordre, à transmettre le mal dont il est porteur au sein du cosmos tout entier, de peur qu'il ne devienne son péché originel. Les héros de la tragédie grecque qui s'en prenaient à l'ordre cosmique, métaphysique ou divin, ne pouvaient donc pas s'attendre à un autre destin que celui de rentrer dans les rangs et d'y rester irrévocablement enfermés, attachés. À l'instar de Sisyphe et de Prométhée, dont les tristes fins ont servi de leçon, de morale, de mise en garde pour tous celles et ceux qui seraient tentés de succomber à la démesure, à l'*hybris*, au lieu de revêtir le manteau de la modestie et de l'humilité qui seul paraît convenir aux mortels humains. Il en fut de même pour Adam et Ève, premiers à pécher, à chuter, à trébucher dans cette chausse-trappe que peut représenter un arbre aux fruits apparemment si goûteux mais interdits par décret divin. Finie l'innocence ; fini le paisible voisinage avec Dieu, à l'heure où la brise accompagne l'apparition des premières étoiles. Désormais, eux et leurs descendants restent liés, attachés à la terre, loin du jardin d'Éden. Et si quelque catastrophe, quelque mal parviennent à les toucher, à ébranler les colonnes de l'ordre précaire dans lequel ils tentent de retrouver un vague souvenir du paradis perdu, ils doivent avant tout fouiller leur conscience, examiner leur existence, éventuellement reconnaître leurs fautes, s'en prendre à eux-mêmes et accepter de rentrer dans le rang.

Ils n'avaient pas, ils n'ont pas tort, tous ceux qui ont vu, dans les révolutions scientifiques des temps modernes, en particulier celles d'obédience copernicienne ou darwinienne, une menace, un danger pour les morales fondées sur de telles conceptions du mal, de la faute, du péché. Dès lors que la réalité ne possède plus de référence cosmique, dès lors qu'elle est conçue sens dessus dessous, dès lors que le monde aurait pu être autrement qu'il est ou même ne pas être du tout, quelle place accorder à la loi divine et, par voie de conséquence, quelle responsabilité imputer aux mortels que nous sommes ? Ainsi, les scientifiques qui, aujourd'hui, réfléchissent aux multivers, autrement dit à l'existence de plusieurs univers, sont sensibles aux conséquences morales de telles théories : en apprenant que tout ce qui est possible ou imaginable pourrait se réaliser dans l'un ou l'autre univers, comment l'humanité ne courrait-elle pas le risque de sombrer dans un dangereux relativisme, un terrible chaos moral ? Tel est le paradoxe de la réplication, supposée hypothétiquement infinie, des univers : s'il y a une chance que quelque chose arrive, elle se produit alors infiniment ailleurs, souvent au même moment. Dès lors comment empêcher le mal si une infinité de copies choisissent de le faire ? Ou bien, à quoi bon être honnête si un *alter ego*, un moi parallèle, se comporte mal dans un autre univers ? Nous en serions réduits à accepter l'existence de mondes où domine le mal et celle d'autres mondes où règne le bien. Lorsqu'il développa sa propre théorie des univers cycliques, Andreï Sakharov prit soin d'y adjoindre une éthique spécifique et adaptée, comme l'avait fait avant lui Friedrich Nietzsche avec son traitement philosophique de l'idée d'Éternel Retour. D'autres chercheurs soulignent de la même manière que, du fait des ramifications entre les univers, nous sommes investis d'une sorte de liberté responsable : chaque présent a plusieurs futurs, si bien qu'« en prenant la bonne décision, en agissant correctement, nous épaississons la pile des Univers dans lesquels des versions de nous mènent une vie sensée[33]. » Oui, ils n'avaient pas, ils n'ont pas tort de s'inquiéter, ceux qui sont chargés d'instaurer, de définir, de faire respecter le droit, la morale, l'éthique, par les personnes et les sociétés humaines, lorsqu'ils entendent les discours de ces scientifiques et mesurent la menace relativiste qui pourrait en émerger et se propager. Faut-il pour autant condamner de tels propos et, parfois même, prétendre qu'ils n'ont aucun caractère scientifique ? Le cardinal Christoph Schönborn n'a pas hésité à le faire dans un article publié par le *New York Times*, en juillet 2005 : « Les théories scientifiques qui tentent d'expliquer l'apparence de dessein comme étant le résultat du hasard et de la nécessité, écrit l'archevêque de Vienne, ne sont absolument pas scientifiques, mais, comme Jean-Paul II l'a affirmé, une abdication de l'intelligence humaine[34]. » De fait, il est dangereux de mêler ainsi discours scientifique, perspective épistémologique et affirmation théologique, de juger les uns à l'aune des autres : aucun d'entre eux ne peut sortir indemne, ni vainqueur d'une telle confrontation. Mieux vaut s'en tenir aux propos mêmes du Christ, qu'il s'agisse ou non d'*ipsissima verba*, de ses propres paroles.

« Mais, je vous le dis, si tous vous ne vous transformez pas, de la même façon vous périrez » : tous les humains sont *de facto* invités à la conversion et, par voie rétroactive, déclarés pécheurs. Nulle part, le Christ ne met le moindre bémol, la moindre restriction à cette affirmation : sa prédication, sa propre invitation à la conversion s'adressent à tout homme, à toute femme. Et il ne s'embarrasse pas à tenter de découvrir l'origine de cet état, ni à en faire un exposé dogmatique. À ses disciples qui voient un aveugle et lui demandent qui a péché, lui ou ses parents, Jésus écarte non seulement l'idée d'un lien entre le péché et la cécité mais aussi celle d'une culpabilité qui se transmettrait d'une génération à l'autre. Il s'en tient à constater le handicap du mendiant… et à l'en guérir. Et c'est précisément ainsi qu'il convient de considérer les souffrances dont les humains pâtissent, les catastrophes auxquelles ils sont soumis : elles appartiennent à la condition humaine et ne doivent, en aucun cas, être considérées comme des punitions infligées par Dieu aux pécheurs, à la suite du premier péché commis par Adam. L'inversion de perspective, par rapport à l'interprétation la plus commune, est radicale et mérite d'être prise au sérieux : l'expérience, l'épreuve du mal n'est pas une conséquence du péché, le salaire, la punition destinée à l'être humain qui s'est mal comporté vis-à-vis de Dieu et de ses commandements, mais plutôt le contexte, l'occasion, le motif pour lui d'être, d'agir, de se situer par rapport à son Dieu. C'est l'épreuve de sa propre condition, de ses limites, de ses erreurs, de ses fautes, comme d'ailleurs aussi de ses plaisirs, de ses satisfactions qui le conduit à choisir ou non Dieu. S'ouvre-t-il à Dieu, y compris à la manière revendicatrice de Job, ou bien, au contraire, renie-t-il Dieu pour se replier sur lui-même ? Ouverture ou fermeture à la lumière, à la grâce divine : voilà ce qui importe, en premier lieu aux yeux de Dieu. Dans cette perspective, Luther et Barth à sa suite considèrent le pécheur comme un *homo incurvatus in se*, un homme courbé sur lui-même. Et même sans obliger l'être humain à prononcer un *credo*, à dévoiler une foi, à exprimer un choix, cette situation de souffrance, de catastrophe conduit au moins à révéler l'état spirituel dans lequel se trouve celui qui la subit.

Se reconnaître pécheur n'exige pas de s'accuser de tous les maux de la création, à la manière de celles et ceux qui se présentent aux policiers pour s'accuser de crimes qu'ils n'ont pas commis. Se reconnaître pécheur n'exige pas non plus de dénicher nécessairement, dans la banalité de nos existences, des fautes qui appartiennent à la liste officielle des péchés qu'il convient de confesser dans l'obscurité grillagée d'un confessionnal ou son équivalent moderne. Bien au contraire. S'avouer pécheur, c'est d'abord reconnaître appartenir au peuple des pécheurs, à cette longue file d'hommes et de femmes qui se présentaient devant Jean le Baptiste pour être baptisés, immergés dans les eaux du Jourdain, et parmi lesquels, un jour, vint se

glisser Jésus de Nazareth. Est-il pour cela nécessaire d'avoir
commis un crime odieux, d'avoir provoqué une catastrophe
majeure ? Certainement pas et ainsi en fut-il pour Adam et
Ève : ils n'eurent sans doute pas une conscience soudaine
de s'éloigner de Dieu, de rompre un lien avec leur Créateur,
de se replier sur eux-mêmes. Pas plus que pour Paul sur
la route de Damas, il n'y eut, ce jour-là dans le jardin
d'Éden, en ce temps et ce lieu mythiques parce qu'ils
appartiennent désormais à tous les temps et à tous les
lieux, aucune chute vertigineuse, aucun geste marqué de
violence, aucune parole hors de propos, mais seulement le
partage du fruit de l'arbre de la connaissance. Pourquoi la
tradition et les auteurs bibliques auraient-ils retenu, dans
le réservoir extraordinairement riche des mythes, ce geste
presque anodin d'un fruit cueilli et offert, s'il ne convenait
pas précisément pour souligner la paradoxale banalité du
péché ? Le péché, disait Dieu à Caïn, est tapi à la porte de
chacun d'entre nous ; rien de plus aisé que de la lui ouvrir
et de le faire entrer...

Il y a un vrai danger : celui de mettre tellement
d'énergie à déceler l'origine, les racines du mal que nous
en oublierions de chercher à le combattre. Comme je
l'écrivais précédemment, le préambule au livre de Job,
qui donne aux souffrances de ce dernier une cause aussi
loufoque qu'un jeu, qu'un défi entre Dieu et le Satan,
semble bel et bien relever de l'esprit de la Bible qui n'a
jamais prétendu résoudre entièrement ni définitivement le
mystère du mal, de son existence, de sa persistance au sein
d'un monde pourtant déclaré bon par son Créateur. L'un
de ses principaux messages est plutôt de disculper l'être
humain d'être l'unique responsable du mal qui sévit dans le
monde ; avant d'en devenir, d'en être un auteur, un acteur,
un fauteur, lui-même est la victime de ce mal qui toujours
semble le précéder. À la manière de Charles Baudelaire et
de son fameux : « Mes chers frères, n'oubliez jamais, quand

vous entendrez vanter le progrès des lumières, que la plus belle des ruses du Diable est de vous persuader qu'il n'existe pas ! » (*Petits poèmes en prose*), il faudrait dire que la plus grande des perversités du mal est de nous faire croire que nous en sommes les premiers et uniques responsables. Non, affirme Jésus, les victimes du drame de la tour de Siloé n'ont pas été punis de fautes qu'ils auraient commises ; les soupçonner, les accuser serait erroné, injuste à leur égard. La conversion à laquelle le rabbi en profite pour appeler ses auditeurs est précisément de tourner le dos à ce genre de posture et d'interprétation ; l'essentiel n'est pas de répondre à la question : « À qui la faute ? », mais plutôt : « Comment éradiquer le mal de nos actes, de nos pensées, de nos cœurs ? » Comment faire en sorte que le jour d'après soit meilleur que le jour d'avant ?

7. Le drame du pardon

Tout compte fait, le cosmos paraît assez complaisant à l'égard du péché et des pécheurs. Une fois punis Prométhée et Sisyphe, Adam et Ève, tous les autres grands fauteurs de troubles, plus rien de leurs méfaits n'y paraît, tout rentre dans l'ordre. Et Qohélet peut se rassurer : il n'y a rien de nouveau sous le soleil. Conçue comme un cosmos, la réalité prend les allures de Dorian Gray, autrement dit celles d'un homme à l'éternelle beauté et à l'inatteignable innocence. Comment les humains ne s'accommoderaient-ils pas d'une telle situation ? À force d'être soumis au régime de l'inaltérable répétition des jours et des nuits, de l'imperturbable alternance des saisons, comment leurs sens ne s'émousseraient-ils au point d'accepter plus aisément la souffrance ? Le plus souvent, les aléas les plus courants de l'existence ne suffisent pas à les aider, à les contraindre à prendre conscience de l'autre figure du monde qu'eux-mêmes, que nous-mêmes préférons dissimuler aussi soigneusement que le portrait du malheureux Dorian… et les cadavres qui jalonnent sa tragique existence. Il faut une véritable catastrophe ou la voix impérieuse et l'autorité charismatique du prophète pour que le doute s'insinue à travers la dure carapace tissée par le répétitif et anesthésiant écoulement des jours apparemment tous égaux. Parfois, il suffit de prendre conscience de la brutale et dure réalité du temps qui passe, de découvrir les rides indélébiles que nos pensées et nos actes, commis ou omis, ont imprimées sur nos visages et sur nos corps, bref de se sentir vieillir.

Car, qu'importent les litanies de Qohélet, les rêves et les mythes d'éternel retour. À l'échelle de nos existences individuelles, comme à l'aune des instruments de nos scientifiques, le temps est bel et bien irréversible. Tant de choses qui ont été ne seront plus ; tant de choses qui n'ont pu être ne le seront jamais. La page a été tournée, le chapitre clos, le dénouement connu : il y eut un soir, il y eut un matin et voici le jour d'après. Le passé est désormais figé et, en face de lui, notre volonté, aussi bonne soit-elle, se trouve trop souvent confrontée à une irréductible et confondante impuissance, trop souvent réduite à la mémoire, au remord, au regret. Or, nos existences personnelles mais aussi nos communautés humaines ne peuvent se passer d'un lien entre le passé, le présent… et le futur qui reste, quant à lui, essentiellement imprévisible. Construire une arche pour mettre à l'abri un patrimoine destiné aux générations à venir, sceller une alliance, comme le fit Noé lorsque les eaux du Déluge eurent reflué, pour jalonner l'avenir à l'aide d'une loi et poser une promesse en guise d'horizon : nous avons mesuré l'efficacité bien réelle de ces gestes, de ces rites, de ces symboles. Mais celle-ci n'en demeure pas moins limitée par une capacité, une faculté essentielle, celle de pardonner : le pardon est la réponse, la seule vraie réponse à l'irréversibilité du temps. Hannah Arendt, abordant dans la *Condition de l'homme moderne* (1958) la question de l'imprévisibilité du monde et de l'irréversibilité du temps, souligne cet enjeu, ce défi lancé à l'humanité : « La rédemption possible de la situation d'irréversibilité, – dans laquelle on ne peut défaire ce que l'on a fait, alors que l'on ne savait pas, que l'on ne pouvait pas savoir ce que l'on faisait – c'est la faculté de pardonner[35]. »

Encore faut-il que celui qui possède le pouvoir du pardon soit sollicité à l'accorder. À l'instar de la promesse ou de l'alliance, mais à un degré peut-être supérieur, le pardon n'a évidemment de sens que dans le cadre d'une relation entre des personnes : un acte peccamineux a mis celle-ci en danger, parfois l'a brisée ; seul un acte de pardon peut la reconstruire… ou plutôt en construire une nouvelle forme. Car, s'il y a un avant et un après la faute, il y a aussi, et peut-être plus encore, une page à tourner – mais sans l'arracher –, un seuil à franchir, bref un avant et un après le pardon. Pour demander le pardon, l'offenseur doit se reprendre, se repentir, se convertir ; mais pour être capable de l'accorder, l'offensé doit lui aussi abandonner une part de lui-même, de son intégrité blessée et même du pouvoir que lui confère cette demande. Le pardon a nécessairement un caractère catastrophique, pour l'offenseur comme pour l'offensé ; il n'admet, de la part de l'un comme de l'autre, ni la moindre hypocrisie, ni la moindre condescendance, bref aucune forme de calcul qui rendrait d'emblée l'échange du pardon aussi inefficace qu'inacceptable.

Avouer, expier, acquitter, pardonner : autant d'opérations à accomplir au présent, essentielles pour donner un avenir à une relation blessée, brisée, dans le passé. Et, peut-être aussi, pour s'engager à ne plus commettre une telle offense ou, si tel n'était pourtant pas le cas, à accorder à nouveau le pardon.

Nous pouvons, à force d'analyse et d'attention, circonscrire, décrire les conditions exigées, les mécanismes engagés, les effets obtenus lorsque le pardon est accordé, célébré peut-être entre des personnes, des communautés humaines, au nom de l'amitié, de l'amour, du respect, parfois peut-être de la crainte ; nous pouvons mesurer ce qu'il conserve, rétablit de leur intégrité respective, ce qu'il exige aussi de chacun d'entre eux, de chacune d'entre elles. Mais que penser, que dire lorsque ce pardon concerne Dieu lui-même ? Est-il possible, une fois encore, de s'interroger sur Dieu après le pardon et, par voie rétroactive, Dieu avant le pardon ?

Car Dieu, le Dieu de la Bible, le Dieu des chrétiens, ne se contente pas de se repentir, de revenir sur ses décisions, sur ses actes ; il pardonne. Ses fidèles le croient, eux qui osent lui demander son pardon. « Pardonne à ton peuple », répètent-ils inlassablement. Et, par la voix de ses prophètes, par la voix de ses prêtres, Dieu leur accorde son pardon. Pourrait-il en être autrement ? Si Dieu, comme il a menacé de le faire à plusieurs reprises au cours de l'histoire sainte, décidait de faire périr les pécheurs, il n'aurait pas besoin de faire descendre la foudre du ciel ni d'ouvrir les abîmes de la terre : il suffirait qu'il cesse d'œuvrer comme créateur, autrement dit de maintenir entre lui et ses créatures un lien qui leur assure l'existence, pour qu'elles retombent, reviennent au *tohu va bohu*, au chaos « d'avant ». Si Dieu n'était pas un Dieu qui pardonne, il serait un Dieu architecte, un Dieu horloger, un *intelligent Designer* : il se contenterait de concevoir, de faire exister des êtres, de les soumettre à quelques lois de fonctionnement, à quelques déterminismes, puis pourrait s'en désintéresser, demeurer hors de l'espace et hors du temps. Il serait un Dieu cosmique, froid et distant. Mais, pour être le Créateur, Dieu doit être prêt à pardonner inlassablement à ses créatures. Là se trouve peut-être l'expression la plus haute de sa souveraineté : il n'ignore pas les fautes, les péchés des humains, mais il ne se laisse pas dominer par eux, ne les laisse pas le conduire à détruire, à abandonner le lien de création ; même l'étrange Dieu du livre de Job pose cette condition à son pari avec le Satan : tous les coups sont permis, sauf attenter à la vie de Job. Ne serait-ce pas l'enseignement sous-jacent à la prière du Notre Père, lorsqu'il fait suivre immédiatement la requête pour le pain quotidien par la demande du pardon ? Sans l'assurance du pardon de Dieu, les humains, confrontés au mal, précédés par le mal, seraient sans cesse menacés de disparaître.

Mais, si Dieu pardonne, c'est aussi parce qu'il accepte, autant qu'il lui est possible, de se mettre à la place de l'offenseur. De souffrir l'irréversibilité du temps, de craindre la menace de dépérir, de disparaître. Si le savoir, la connaissance de Dieu n'allaient pas jusque-là, jusqu'à abandonner une part de sa toute-puissance, pourrait-il pardonner sans être accusé lui aussi d'hypocrisie, de faux-semblant ? Le Dieu d'après le pardon porte les marques de la Passion.

8. Ordalies

Une mouche du désert l'avait-elle piqué à l'heure de la méridienne ? Avait-il oublié de protéger sa tête des ardeurs du soleil ? Jusque-là, Abraham avait accompli un parcours sans faute, celui du premier des patriarches, du père d'un peuple, du fondateur d'une nation promise à un brillant avenir. Confiant en la bénédiction divine, il avait obéi à l'injonction de quitter sa Mésopotamie natale et avait rejoint les pays de Canaan, puis d'Égypte. Conciliant, il avait laissé son frère Lot s'engager dans la verte vallée du Jourdain et, après une victorieuse opération militaire, avait reçu la bénédiction du saint prêtre Melchisédech. Sacrifiant des animaux de son troupeau, il avait scellé une alliance avec Dieu et connut le ravissement mystique. Après la maladroite tentative de sa femme Sarah de lui donner une descendance grâce aux services de leur servante Hagar, il avait encore trouvé deux fois grâce auprès de Dieu : à sa demande intempestive et grâce à une intervention angélique, Lot avait échappé au cataclysme qui détruisit les villes de Sodome et de Gomorrhe, et Sara avait conçu un fils, Isaac, malgré leur commune vieillesse. Alors, que lui fallait-il de plus ?

Le ton de ces lignes veut laisser présager une lecture inhabituelle de l'épisode dit du « sacrifice d'Abraham », que la tradition juive nomme la « ligature d'Isaac ». Juive, chrétienne ou musulmane, l'interprétation la plus courante consiste en effet à voir dans ce texte un acte de foi supplémentaire de la part d'Abraham, un abandon total à la volonté divine : en envoyant un ange arrêter *in extremis* le bras armé du couteau sacrificateur, Dieu aurait institué Abraham père de tous les croyants, demandé la consécration des mâles premiers-nés, mais, par la même occasion, ordonné la fin des sacrifices humains et le recours aux seuls animaux. Bref, une fois encore, Dieu aurait mis Abraham à l'épreuve et Abraham se serait montré digne de l'attente et de la confiance de Dieu.

Et si nous inversions la perspective ? Si le récit du vingt-deuxième chapitre du livre de la Genèse n'était pas une mise à l'épreuve d'Abraham par Dieu, mais de Dieu par Abraham, autrement dit, un rite ordalique ?

Certes, au sens le plus commun et le plus strict, l'ordalie est un rite judiciaire qui, au sein d'une société où les hommes et les dieux se tiennent proches, liés les uns aux autres, est destiné à faciliter la sortie d'une situation conflictuelle. D'une manière spectaculaire – le coupable est soumis au feu, à la noyade, à mille sortes de supplices qui menacent plus ou moins son intégrité physique ou même son existence –, Dieu est convoqué pour trancher une situation devenue inextricable au regard des seules ressources humaines. Bien plus, Dieu est censé ne pas se dérober, mais agir en juge omniscient et même tout-puissant puisque le verdict relève, quelle qu'en soit l'issue, d'une forme de miracle… même si, les spécialistes en conviennent, place est laissée aux meneurs de l'ordalie pour intervenir, influencer, interpréter l'issue de l'épreuve : les agissements divins ne sont pas exempts de coups de pouce humains. Aujourd'hui, les rites ordaliques ont le plus souvent perdu leur dimension religieuse et sociale. Ils appartiennent plutôt, du moins dans leur motivation première, à la sphère de l'intime : celui qui, dans une conduite à risque, dans la pratique d'un sport dit extrême, affronte symboliquement la mort, met en jeu sa vie pour mieux en éprouver la valeur, pour lui donner davantage de sens, pour mieux la sauver selon la belle expression de Hölderlin : « Là où croît le danger croît aussi le salut. » David Le Breton précise : « Revenir indemne de la mise en péril de son existence, auréolé du danger traversé, apparaît comme le meilleur gage du prix que celui-ci revêt alors[36]. » Même si la tentative de sacrifice, manquée ou retenue, d'Abraham ne revêt aucune dimension sociale – j'entends dans sa mise en scène, mais certainement pas dans l'usage qui a été fait de son récit –, cette tentative ne possède-t-elle pas presque tous les traits d'une pratique ordalique ? Si cette hypothèse était recevable, il faudrait encore en offrir une explication, une interprétation.

Il convient évidemment d'écarter celle qui se contente de prêter à Abraham une sorte de cécité ou d'obscurantisme religieux qui n'aurait pas grand-chose à voir avec sa foi ; je veux dire que, si le patriarche avait quitté la terre de ses ancêtres, il n'en aurait pas abandonné toutes les coutumes. Aussi, quelles que soient les promesses faites par Dieu de lui assurer une descendance, quelles que soient les difficultés auxquelles il a été confronté pour « avoir » un fils premier-né, il aurait décidé de respecter le rite du sacrifice humain qui pourrait avoir existé dans son pays natal. Ce ne serait pas la voix de Dieu qu'il entendrait, mais celle de ses ancêtres à laquelle il obéirait. « Naïvement », allais-je ajouter. Avant d'apprendre que Dieu a changé les règles du jeu, qu'il refuse désormais de tels gestes de la part de ses fidèles.

L'interprétation ordalique voit plutôt dans l'épisode du pays de Moriyyah l'expression dramatique du besoin d'Abraham de se rassurer : n'est-il pas le jouet de ses rêves et de ses espoirs, de son imagination, de sa folie ? Devenir le père d'un peuple, mieux encore, d'une nation qui possèderait une terre ? Dieu est-il vraiment avec lui ou

bien s'agit-il plutôt de quelque esprit malicieux ? Le signe,
le miracle de la naissance d'Isaac ne suffirait donc pas à
répondre à toutes les interrogations d'Abraham. Il voudrait
être rassuré, lever les derniers doutes. Et c'est pourquoi il
recourrait à la pratique ordalique : aux grandes décisions,
les grands remèdes ! Lui-même aurait décidé de se
mettre dans une situation périlleuse, celle de sacrifier son
propre fils, au nom de Dieu, pour forcer Dieu lui-même à
intervenir… ou non. Ensuite, il saurait à quoi s'en tenir ;
il verrait comment le cours de l'histoire se poursuivrait.
Geste inconsidéré, jugeront certains, mais geste pourtant
empreint d'une foi comparable à celle de l'interprétation
classique, à celle qui met en avant l'obéissance d'Abraham.
Et Dieu paraît se prêter à l'épreuve : il intervient et sauve
Isaac de la mort. Jusqu'où Abraham était-il prêt à aller ?
Impossible de le savoir et l'évocation d'un autre sacrifice,
rapporté au chapitre dixième du livre des Juges, n'est
ici d'aucune aide : en tuant sa fille de ses propres mains,
Jephté ne faisait qu'accomplir un vœu prononcé bien
imprudemment ; il n'avait pas recours à une ordalie. Dieu,
ce jour-là, n'intervint pas ; aucun ange ne retint le bras de
ce malheureux père.

Aussi étrange que puisse paraître l'interprétation
ordalique du sacrifice d'Abraham, elle n'est pas sacrilège : la
Bible recèle d'autres exemples, d'autres épisodes qui narrent
une pareille mise à l'épreuve de Dieu. Les récits de l'Exode
en offrent plusieurs illustrations ; par exemple, lorsque les
Hébreux mettent en question la présence de Dieu à leurs
côtés, sa toute-puissance, lorsqu'ils introduisent le doute
dans leur âme et dans leur cœur : « Est-ce que Dieu peut
dresser une table dans le désert[37] ? » Mais aussi lorsque
Achaz refuse le signe, le miracle, que Dieu lui propose de
demander : « Je ne demanderai rien, je ne mettrai pas Dieu
à l'épreuve », répond prudemment et pieusement le roi.

« Écoutez donc, maison de David, vous harcelez déjà les hommes, voulez-vous harceler mon Dieu[38] ? », lui répond Dieu, agacé, par la voix du prophète Isaïe. Difficile de savoir, à s'en référer à ces textes, s'il convient ou non de demander à Dieu d'intervenir au risque de le mettre à l'épreuve !

Malebranche tente de répondre à cette question, peut-être à partir de la réprimande faite à Achaz : « Sache, mon fils, écrit-il, que c'est tenter Dieu que de lui demander un miracle, lorsque sans miracle on peut se délivrer de quelque mal car l'ordre ne permet pas que Dieu trouble l'uniformité et la simplicité de sa conduite, sans une nécessité prenante. Mais ce n'est point tenter Dieu que de lui demander en général un miracle, lorsque sans miracle on ne peut éviter de périr, ou d'être attaqué par des tentations très dangereuses[39]. » Une forme plus savante du proverbial conseil : « Aide-toi, le ciel t'aidera », qui s'inspire sans doute de l'enseignement évangélique qui met en scène la plus vertigineuse des ordalies : les tentations du Christ au désert. La plus étonnante, à bien y regarder, est probablement la deuxième : « Si tu es Fils de Dieu, jette-toi en bas », susurre le Satan à l'oreille de Jésus, posté sur le pinacle du Temple. « N'est-il pas écrit : *Sur son ordre, les messagers de Dieu te porteront dans leurs mains. Et nulle pierre ne blessera ton pied* » « Il est écrit également : *Tu n'éprouveras pas le Seigneur ton Dieu*[40] » lui répond Jésus qui, bien entendu, connaît les Ecritures, en l'occurrence le Deutéronome, aussi bien que l'ange déchu et parvient ainsi à résister à cette deuxième tentation.

Souvent trop pressés d'en arriver à la troisième et, ensuite, d'en finir avec cette mise à l'épreuve, volontaire, du jeune rabbi, nous ne remarquons pas le caractère étonnant, étrange même, de ce singulier échange, au-dessus de la vallée du Cédron. À première lecture, son interprétation paraît aisée : le Satan pousse Jésus à se soumettre au jugement de Dieu, comme Abraham pourrait l'avoir fait lui-même, selon l'interprétation que j'ai proposée du sacrifice interrompu d'Isaac. Un rite ordalique, par conséquent, dont Jésus dénonce immédiatement le caractère perverti : tenter Dieu est bel et bien une tentation à laquelle le croyant, celui qui pratique le Deutéronome, ne doit pas succomber. Or, et c'est là que le texte prend une tournure presque vertigineuse, le Satan pratique lui aussi une ordalie : en tentant Jésus, il tente Dieu lui-même et, par voie de conséquence, se soumet lui aussi au jugement de Dieu ! Mais le Satan connaît-il l'identité divine de l'homme qui lui résiste ? Perçoit-il, à cet instant, que l'injonction deutéronomique, « Tu n'éprouveras pas le Seigneur ton Dieu », Jésus ne se l'applique pas seulement à lui-même, mais l'impose aussi à son adversaire pour le vaincre ?

Il paraît difficile de ne pas mentionner ici un avatar de cet épisode évangélique, rapporté par Jacques de Voragine, dans sa *Légende dorée* : le récit de la lutte sans merci que se livrent Simon-Pierre l'apôtre et Simon le magicien, celui qui avait tenté d'acheter aux apôtres leurs pouvoirs[41]. L'épilogue se déroule à Rome, devant l'empereur Néron ; le temple de Jérusalem est remplacé par le Capitole et Simon, acculé par l'influence croissante des apôtres, joue sa dernière carte : il s'élance d'une tour pour donner la preuve de ses pouvoirs. Alors que le magicien semble parvenir à ses fins, Pierre intervient : « Je vous conjure, anges du diable qui le portez par l'air, au nom de notre Seigneur, que vous ne le portiez plus, mais le laissez choir, à terre. » Obéissant à l'injonction de l'apôtre, les anges du Satan lâchent le magicien, au sens littéral du terme ; Simon chute, se « rompt le cerveau » et meurt[42]…

« Tu n'éprouveras pas le Seigneur ton Dieu » : l'injonction deutéronomique, reprise par Jésus pour contrer l'offensive satanique, constitue peut-être un élément essentiel, une clé pour une théologie des catastrophes. Une clé étonnante et même paradoxale, dans la mesure où nous avons l'habitude de nous penser et de nous présenter en victimes, d'en appeler à la justice divine, de faire asseoir Dieu sur le banc des accusés. Nous aimons répéter, puisque Jésus lui-même nous a invité et même appris à le faire : « Ne nous mets pas à l'épreuve et garde-nous du mal[43]. » Comment, dès lors, ne souffririons-nous pas de rencontrer encore l'épreuve, d'affronter encore le mal, de savoir que la mort, demain, aujourd'hui peut-être, nous séparera de celles et ceux que nous aimons ? Pourquoi Dieu, ce Père, ce créateur aimant dont Jésus nous a si bien parlé, pourquoi continue-t-il à nous éprouver par les malheurs qui égalent parfois ceux de Job ?

« Qui es-tu pour noircir mes desseins de tes mots d'ignorant[44] ? », avait fini par dire Dieu à Job, lorsque ce dernier avait atteint le sommet de la souffrance et le fond du désespoir, lorsqu'il fut persuadé que Dieu était inatteignable, insensible à ses cris de douleur et de révolte, lorsqu'il avait sommé Dieu de lui répondre. L'injonction divine au malheureux fait écho à celle du Deutéronome : mettre Dieu à l'épreuve ne peut être que le fait d'humains qui refusent de reconnaître leur ignorance ou, pour le dire plus correctement, d'accepter les limites de leur pouvoir de comprendre, de savoir, de connaître. Les limites qui sont aussi celles du sacré. Les limites enfin, aussi difficiles à admettre et peut-être davantage encore, qui sont celles de Dieu. Une théologie des catastrophes invite nécessairement à souligner, parfois à retrouver, le sens du sacré et de la transcendance.

L'être humain a besoin de sacré. Pour le vénérer, pour être fasciné par lui, pour entretenir à son égard des sentiments d'attirance et de rejet, d'apaisement et d'effroi. L'idée ou plutôt le sentiment du sacré véhicule quelque chose de la catastrophe, de la nécessité de gérer le passage d'un ici à un ailleurs, d'un avant à un après. Il trouve même, dans ce passage qui prend les allures d'une transgression, sa vitalité : s'il n'était pas possible de franchir les limites du sacré, avec toutes les précautions d'usage, ou, pour le moins, de les éprouver, le sacré finirait par se dissoudre, par s'évanouir, par disparaître. Pour autant, ces frontières doivent être connues, reconnues, respectées ; l'interdiction de mettre Dieu à l'épreuve est l'une d'entre elles.

Lorsqu'il devient excessivement cosmique, le monde ne met-il pas en danger le sacré ? Trop beau, trop bien agencé, trop totalisant jusqu'à être totalitaire, ne conduit-il pas aux formes de panthéisme, d'animisme qui offrent leurs propres solutions, dangereusement anesthésiantes, au scandale de la souffrance et du mal ? La foi biblique, la foi chrétienne ne font pas disparaître les frontières du sacré, ne dissolvent pas la transcendance : tout est en Dieu, mais Dieu n'est pas en tout. Dieu reste en partie voilé, en partie caché : il est inutile, il est imprudent d'espérer le découvrir, le dévoiler, le dénuder autrement qu'il a accepté de le faire lui-même, dans les mystères de la rédemption. Les pratiques ordaliques étaient inconsidérées, imprudentes et même irrespectueuses : éprouver Dieu n'est rien d'autre que mettre à l'épreuve l'amour de Dieu pour ses créatures, un amour dont nous savons qu'il est sans limites, mais vulnérable. Le temps des catastrophes est nécessairement celui de la docte ignorance, pour reprendre le mot de Nicolas de Cues, celui de la foi qui, loin d'être une drogue euphorisante ou soporifique, invite et même contraint à prendre en main son propre destin, avec ses inévitables catastrophes.

Conclusion : Apocalypse

Tout avait commencé par un puissant coup de vent. Il souleva la poussière jusqu'à boucher l'horizon ; les pierres ne purent lui résister et allèrent se fracasser au fond des crevasses ; la montagne parut se ramasser sur elle-même pour échapper à sa morsure. Avant même que l'ouragan ne s'éloigne, un tremblement ébranla la terre de ses fondements jusqu'aux sommets : la caverne, jusqu'alors hospitalière, se fit menaçante. Le sol fut secoué durant d'interminables secondes, contraignant hommes et bêtes à se coucher. Lorsque les forces telluriques se calmèrent enfin, le rugissement d'un feu monta de la vallée. Aucun des arbres qui s'accrochaient à la pente ne lui échappa ; l'air des sommets, chargé d'escarbilles et de cendres, devint irrespirable. Mais Dieu n'était ni dans le vent, ni dans le tremblement de terre, ni dans le feu. L'homme n'avait pas bougé de l'entrée de la caverne. Il s'était seulement allongé sur le ventre pour échapper à la violence du souffle, au craquement du sol, à l'ardeur de l'air. Il avait caché son visage dans le creux de la roche, empêché ses yeux de braver les colères de la nature. Il attendait Dieu. Enfin le silence revint. Encore lourd de mille fracas, de mille chaos, de mille brûlures. L'homme attendit que le silence paraisse se décanter, s'éclaircir, s'alléger. Alors seulement, il perçut le bruissement d'un nouveau souffle. Comme la respiration, légèrement haletante, d'un homme monté à pas lents de la vallée ou descendu à grandes enjambées du sommet. Il releva la tête, puis s'assit sur les talons. Il sentit une présence cette fois l'habiter.

Qui parviendra jamais à décrire une expérience mystique, cette rencontre toujours unique d'une entité humaine avec la transcendance ultime ? Rien d'étonnant si le livre des Rois qui narre la rencontre du prophète Élie avec Dieu, en Horeb, lui accorde une mise en scène spectaculaire, avec force tempête, tremblement de terre et feu du ciel[45]... mais comme pour mieux prendre le contre-pied des habituelles épiphanies, parfois même bibliques. Si rencontrer Dieu est bel et bien une expérience catastrophique, elle ne doit pas être confondue avec quelque événement atmosphérique, géosphérique ou même plus intime à la nature humaine. Seule compte, au fond, l'étrange alchimie où, pour retrouver les racines, l'origine de son être – peut-être ce moment où Elie tente de cacher son visage dans son manteau –, l'humain doit sortir de sa caverne, s'avancer vers cet inconnu qui s'est lui-même annoncé, lui-même approché.

Pour qu'une telle rencontre puisse avoir lieu, nous enseigne le livre des Rois, il convient de ne plus être, de ne plus se penser en seule victime des aléas, des catastrophes de l'existence. Il faut au contraire les prévoir, les prévenir afin de les écarter, de s'en écarter ou au contraire, si nous le désirons, si nous le choisissons, de les accueillir, de les devancer.

La mésaventure du prophète Jonas devrait servir de leçon : les catastrophes n'ont guère de valeur lorsqu'elles n'appartiennent plus qu'au passé. Elles ne conduisent le plus souvent qu'à poser un constat superficiel, d'échec ou d'inutilité ; elles sont trop rarement suivies d'un acte de reconnaissance et d'un enseignement fructueux. Les catastrophes devraient davantage appartenir au futur, non pas celui que nous subissons et, dès lors, pouvons en fin de compte ignorer ou tenter d'oublier, une fois survenu, mais celui que nous imaginons et donc essayons de maîtriser. Telle est la mission des prophètes, celle que Jonas, sous la menace, a parfaitement remplie : les prophètes ne connaissent pas l'avenir, mais ils possèdent suffisamment de lucidité pour envisager une possible catastrophe et même pour la déclencher, pour en produire les conséquences : un dévoilement, une révélation, une apocalypse. Doivent-ils pour cela être systématiquement rangés dans la catégorie des prophètes de malheur ? Certainement pas ceux de la tradition biblique qui interviennent, dénoncent, dévoilent au nom de la vérité et pour le bien de leurs contemporains ; et tout cela sans jamais désespérer, ni baisser les bras, quitte à se faire rabrouer par Dieu et haïr par les hommes. Témoins vivants, parfois jusqu'à l'excès, des vertus que sont la foi, l'espérance et la charité, ils sont convaincus que Dieu agit déjà au sein de sa création, en faveur de ses créatures, mais que son action n'est pas encore pleinement achevée. Déjà – pas encore : telles sont l'invitation et la sagesse des prophètes pour répondre à l'écoulement irréversible, imprévisible et catastrophique du temps auquel les humains ne peuvent échapper. L'invitation à traverser les aléas de l'existence, à aimer le futur, quelles que soient les formes et les allures qu'il puisse prendre ; la sagesse qui n'est pas éloignée de celle qu'un voyageur disait avoir trouvée chez les colons du Nouveau Monde, vers 1830 : « Les Américains aiment leur pays non comme il est, mais comme il sera [...] ils n'aiment pas la terre de leurs pères, mais ils sont sincèrement attachés à celle dont leurs enfants vont hériter[46]. »

Le futur des catastrophes et même des apocalypses n'est pas nécessairement celui de la fin des temps, celui de l'eschatologie : son horizon, à l'instar de celui de ces colons nord-américains, est celui de la prochaine génération. Le futur est moins celui de l'*eschaton*, frontière ultime aux teintes de nouvelle et inimaginable création, que celui du *kairos*, celui de l'instant juste à venir et dans lequel il conviendra de saisir l'éphémère opportunité, de faire le bon choix, de prendre la bonne décision, avant que le temps ne l'emporte, ne laissant que l'ombre du regret, le poids de la nostalgie.

Et Dieu, en fin de compte ? Dieu, le jour d'après, une fois la catastrophe arrivée, déclenchée, subie, traversée ? La foi chrétienne ne peut en rester au faux constat, au probable souhait du sage Qohélet : « Rien de nouveau sous le soleil ! » Certes, Dieu demeure « Celui qui est », autrement dit Celui qui a déjà tout dit de lui dans le Christ, sans pour autant avoir déjà achevé son œuvre de création. En revanche, notre foi en lui, notre compréhension de lui, notre discours sur lui ne sont-ils pas sans cesse bousculés, acculés à se transformer, pour ne pas disparaître sous l'accumulation des contradictions que nous entretenons, derrière le mur des hypocrisies que nous acceptons ?

Pour autant, il n'y a pas davantage d'« heureuse catastrophe » que d'« heureuse faute » : toutes font immanquablement penser au chemin de Croix. « Est-il bien sûr, écrivait Pierre Teilhard de Chardin dans un appendice à son *Phénomène humain* aux allures pourtant si optimistes, que pour un regard averti et sensibilisé par une autre lumière que celle de la pure science, la quantité et la malice du Mal *hic et hunc* répandu de par le Monde ne trahisse pas un certain *excès*, inexplicable pour notre raison si à l'effet normal d'Évolution ne se sur-ajoute pas l'*effet extraordinaire* de quelque catastrophe ou déviation primordiale ?... » Et il conclut : « D'une manière ou de l'autre, il reste que, même au regard du simple biologiste, rien ne ressemble autant que l'épopée humaine à un chemin de la Croix[47]. » Quelles que soient les allures tragiques que revêtent l'Incarnation et la Résurrection (bouleversements cosmiques, ténèbres, tremblement de terre), la Croix reste la brèche, la révélation, le scandale, la catastrophe ultime et la seule véritable réponse de Dieu aux catastrophes humaines, celle qui efface toutes les autres, parties ou non de la Révélation.

Le Dieu du jour d'après est celui qui, une fois le dernier râle expiré, la dernière goutte de sang et la dernière larme versées, entre le premier dans le grand silence. Peut-être avons-nous trop pris l'habitude d'un Dieu qui parle, comme aux jours de la Genèse, d'un Dieu qui tonne, comme au sommet du mont Sinaï, d'un Dieu qui explique, comme devant Job exténué de douleurs, d'un Dieu qui enseigne, comme aux jours du mont des Béatitudes. Le Dieu du jour d'après est celui qui se tait, comme s'il entrait en lui-même pour laisser, une fois encore, l'être humain naître, renaître, ressusciter. Silence du septième jour, silence du Samedi saint avant le matin de Pâques, silence du grain en terre juste avant l'éclosion.

Notes

1. Jacques Monod, *Le hasard et la nécessité. Essai sur la philosophie naturelle de la biologie moderne*, Paris, Éditions du Seuil, 1970, p. 194-195.
2. Dalmace Leroy, *L'évolution aux espèces organiques*, Paris, Perrin, 1891, p. 10-11.
3. René Dubos, *L'homme et l'adaptation au milieu*, Paris, Payot, 1973 (1965), p. 263.
4. Voir René Thom, *Paraboles et catastrophes. Entretiens sur les mathématiques, la science et la philosophie*, Paris, Flammarion, 1983.
5. *Livre de Qohélet* chapitre 1, versets 2 à 6 et 9. Pour traduction de la Bible, j'ai choisi celle publiée sous la direction de Frédéric Boyer, par les éditions Bayard en 2001.
6. Platon, *Gorgias*, 507e-508a.
7. Je fais ici allusion aux expressions utilisées par Cicéron, Voltaire ou encore Newton, la dernière ayant été remise au goût du jour par les mouvements néocréationnistes.
8. Jean-Toussaint Desanti, « Natura rerum : ordre ou désordre ? » in *Géométrie du hasard*, Revue *Traverses*, n° 24, février 1982, p. 156.
9. *Livre de Job* chapitre 1, verset 21.
10. *Livre de Qohélet* chapitre 3, versets 2 et 4.
11. Voir le *Livre de l'Exode* chapitre 28, verset 30.
12. Jacques-Bénigne Bossuet, *Politique tirée des propres paroles de l'Ecriture Sainte*. Livre V, article III, 1ère proposition.
13. Cité dans Roy D Morrison, *Science, Theology and the Transcendental Horizon. Einstein, Kant and Tillich*, Atlanta, Scholars Press, 1994, p. 340-341.
14. Abraham Pais, « *Subtle is the Lord...* » *The Science and the Life of Albert Einstein*, Oxford-New York, Clarendon Press-Oxford University Press, 1982, p. vi.
15. Lettre du 26 avril 1947 adressée à Murray Gross et citée dans Max Jammer, *Einstein and Religion. Physics and Theology*, Princeton, Princeton University Press, 1999, p. 138-139.
16. *Livre des Proverbes* chapitre 30, versets 18 et 19.

17. *Livre de la Genèse* chapitre 1, versets 1 et 2.

18. *Livre de la Genèse* chapitre 9, verset 11.

19. *Livre de la Genèse* chapitre 9, versets 6 et 7.

20. Pour une brève présentation de ces pages d'histoire et d'autres références bibliographiques, voir Pierre-Henri Gouyon, Jean-Pierre Henry et Jacques Arnould, *Les avatars du gène. La théorie néodarwinienne de l'évolution*, Paris, Belin, 1997, chapitre 1 : « En attendant Darwin ».

21. *Évangile de saint Luc* chapitre 12, verset 20.

22. *Évangile selon saint Luc* chapitre 17, verset 6.

23. *Cantique des Cantiques* chapitre 5, verset 2.

24. *Livre de Jonas* chapitre 4, versets 10 et 11.

25. Jean-Pierre Dupuy, *Pour un catastrophisme éclairé. Quand l'impossible est certain*, Paris, Éditions du Seuil, 2002, p. 13.

26. *Ibid*, p. 84-85.

27. Voir *Évangile selon saint Luc* chapitre 15, versets 11 à 32.

28. *Livre d'Ezéchiel* chapitre 18, versets 25 à 27.

29. *Livre d'Isaïe* chapitre 55, verset 8.

30. *Évangile selon saint Luc* chapitre 13, versets 4 et 5.

31. *Ibidem*, chapitre 12, versets 56 et 57.

32. Cité dans Victor Goldschmidt, *Le système stoïcien et l'idée de temps*, Paris, Vrin, 1969, p. 101.

33. Cité dans Tobias Hürter & Max Rauner, *Les univers parallèles. Du géocentrisme au multivers*, Paris, CNRS Éditions, 2012, p. 195.

34. Christoph Schönborn, « Finding Design in Nature », *New York Times*, July 7th, 2005.

35. Hannah Arendt, *Condition de l'homme moderne*, Paris, Calmann-Lévy, 1961, p. 302.

36. Voir David Le Breton, *Passions du risque*, Paris, Éditions Métailié, 2000, p. 54 et 55.

37. *Psaume* 78, verset 19.

38. *Livre d'Isaïe* chapitre 7, versets 10 à 13.

39. Nicolas Malebranche, *Méditations chrétiennes et métaphysiques*, 1679.

40. *Évangile selon saint Matthieu* chapitre 4, versets 6 et 7.

41. Voir *Actes des Apôtres* chapitre 8, versets 9 à 21.

42. Voir Jacques de Voragine, La Légende dorée, Paris, Le Club du Livre, 1956, p. 74-75. Dans le poème « Zone », de son recueil *Alcools* publié en 1913, Guillaume Apollinaire imagine un Christ volant, imitateur du magicien Simon :

    « Pupille Christ de l'œil

    Vingtième pupille des siècles il sait y faire

Et changé en oiseau ce siècle comme Jésus monte dans l'air
Les diables dans les abîmes lèvent la tête pour le regarder
Ils disent qu'il imite Simon Mage en Judée
Ils crient s'il sait voler qu'on l'appelle voleur
Les anges voltigent autour du joli voltigeur. »

43. *Évangile selon saint Matthieu* chapitre 6, verset 13.

44. *Livre de Job* chapitre 38, verset 1.

45. Voir le *Premier livre des Rois* chapitre 19.

46. Cité dans René Dubos, *Les dieux de l'écologie*, Paris, Fayard, 1973, p. 72.

47. Pierre Teilhard de Chardin, « Le Phénomène humain » (1940), *Œuvres*, tome 1, Paris, Seuil, 1955, p. 347 et 348.

Table des matières

CPSIA information can be obtained
at www.ICGtesting.com
Printed in the USA
LVHW111456210421
685055LV00003B/14

9 781925 309003